心がわかると人の進むべき道がみえてくる

空　海人

Ku Kaito

文芸社

人にとって大事なことは、本能にしたがって自身の力を伸ばし、
互いに誠意と思いやりをもって支え合い、健康であることです。

序章

○心とは何でしょうか

私たちは、日常の中で生活するとき、仕事をするとき、楽しむとき、さまざまな場面で心の中にいろいろな感情や思い、考えが湧き上がってきます。そして、その湧き上がってくる心のおもむくままに行動し、話します。心の中になぜそれらが湧き上がってくるのかということはあまり考えずに、当たり前のことだと思っています。

しかし、なぜ、そのような感情、思い、考えが浮かんでくるのでしょうか。

ちょっと考えてみてください。

●なぜ、怒ったり、喜んだり、悲しんだり、楽しんだりするのでしょうか。
●怒りの気持ちから仕返ししなければ気がすまないという気持ちはどこからくるのでしょうか。
●なぜ、幸福感につつまれることがあったり、逆に悲観的な気持ちになったりするのでしょうか。
●収入、社会的地位、外見、能力などを他人と比較して優越感を感じたり、ねたんだりするのはなぜでしょうか。
●逆に、収入や社会的地位より世の中のために役立ちたいと思う人もいます。自己中心に考える人との違いはどこからくるのでしょうか。
●なぜ、さまざまな分野の学者は真理、真実を追い求めずにはいられないのでしょうか。なぜ、直接的には人の役に立たないような宇宙、考古学などの分野で真実を追い求めようとするのでしょうか。
●一般人でも真実に少しでも近づきたいと生涯学習に充実感を感じる人もいれば、そのようなことに興味を感じない人もいるのはなぜでしょうか。

●スポーツや文化的な趣味に熱中する人はなぜ熱中するのでしょうか。スポーツ観戦で応援に熱中するのはなぜでしょうか。

●なぜ、感動するのでしょうか。物語や実話の中で、誠実で愛情や思いやりにあふれた人間に感動するのはなぜでしょうか。苦労して目標を達成した人に感動するのはなぜでしょうか。美しい自然の風景に感動するのはなぜでしょうか。

●物語、映画、演劇、絵画、音楽その他の芸術を楽しむ気持ちはどこからくるのでしょうか。

●理性とは一体何なのでしょうか。

●博愛や動物愛護の気持ちはどこからくるのでしょうか。

●男性と女性の考え方の違いはどこからくるのでしょうか。

その他にも自分自身を振り返ってみて、その心がなぜ生まれてくるのか考えてみてください。改めて考えてみるとよくわかっていないことが多いですよね。

これらの正体が何であるかをわかっていただくことが本書の目的です。

◯心が何なのかがわかってくると

心の正体が何かわかってくると、お金への執着、社会的地位への執着、優越感、ねたみ、仕返ししたいという気持ち、悲観的になる気持ちなどは脳の中で作られた幻のようなものにふりまわされていることがわかってきます。逆に、思いやり、誠意、真実を追い求める気持ち、感動することなどはこれからの人類の調和と発展に必要であることがわかってきます。

さまざまな社会問題も、その原因を根源までたどれば人の心が作り出していることがわかります。人の心の正体がわかれば、すべての社会問題に対して解決の糸口がみえてきます。

○神について

科学的に実証されていることをベースに話を進めていきます。**あたかも神が存在しないかのように話を展開していきます**ので、神を信じておられる方からみると不快に感じられるかもしれませんが、**神を否定するつもりはありません。神はいるかもしれないし、いないかもしれない、これが本書の立場です。合理的に人の正しい道が何であるかを探っていきますが、古くからの宗教で伝えられている正しい道と同じであることがわかってきます。古くから続いている宗教は極めて合理的であると思っています。宗教の違い、神を信じるか信じないかの違いで争う必要はないはずです。互いに他の宗教の合理性を認め合うだけで宗教の違いによる争いもなくなるのではないかと思っております。**

本書は心に関するいわば概要版ともいうべきものです。個々についての細やかな説明がかえって心についての全般を把握しにくくする恐れがあることと、読みやすくして多くの方に受け入れていただくことがまず大切であることから、細部の説明を省略しています。本書の続編として、テーマを絞ってもう少し細やかな説明のものもいくつか出版していこうと思っています。

私の考えたことを述べていきますが、実際に証明されているわけではなく、本来は言葉の最後に「と思います」をつけたいところでも、つど「と思います」をつけると煩雑になるので、証明されていないことでも断定的な表現をしています。ご理解のほどよろしくお願いいたします。

目次　心がわかると人の進むべき道がみえてくる

第3章　善悪・芸術・スポーツ・宗教

第4章　私たちの文明

第1章　心と本能

心は脳の活動

脳科学の進歩により、脳についての解明が進んでいます。解明する技術も飛躍的に進歩して、心が活動しているとき、脳の中のどの部分が活発にはたらいているのかもわかるようになりました。いろいろなことを感じたり、思ったり、考えたりしたとき、それに応じた脳の場所が活発に活動していることがモニター画面ではっきり確認されています。ここではその細かい脳の働きにまでは踏み込みません。しかし、**心の動きは脳の活動**そのものであることだけははっきりしているという点が、これから話を進めるにあたって大事なポイントになりますので、まずおさえてください。

心を生み出している人間の脳も生物一般の脳の役割と同じという原点にまで立ち返ってみると、心を解き明かす鍵がみえてきます。魚類、両生類、は虫類、他の哺乳類などとともに、脳の基本的な構造は同じです。すなわち、人間も含めて生物一般としての脳の働きは**五感から得た情報を脳に集め、その情報からどのように行動するかを判断し、身体の動**

作の指令を発します。そして、その**目的は生き延びて子孫を残すこと**です。

人間は自我をもち、哲学や科学のように真理を探究したり、感動したり、芸術その他の創造的な活動をしたりという高度な精神活動を行いますが、それを行っているのが脳であり、その**基本的な構造は他の生物と同じであるという原点にもう一度立ち返ってみると、心すなわち脳の働きもシンプルに理解することができます。**人間以外の生物と人間を同等に考えることに、人間の尊厳を冒すようで抵抗感を感じる方もいるかもしれませんが、**脳の活動の原点に立ち返って考えることで、逆に失いかけた尊厳を取り戻すことができる**のではないかと思っています。その理由は、後ほど説明していきます。

進化の結果としてのヒトの脳

ヒトの脳は進化の歴史の結果として現在のものがあります。

ヒトは五感で細やかに情報を収集していますが、ヒトにいたるまでの進化の歴史をずっと過去にさかのぼれば、もっと大まかな情報しか収集できませんでした。例えば、現在のヒトは目で物体の色や形を細やかに認知していますが、進化のずっと初期のころの生物にまでさかのぼれば、ぼんやり光を感じる程度の能力でした。その他の五感の能力ももっと大まかなものから今のように細やかに認知できるように進化していったものです。これは五感のセンサーがより精緻に進化したこととともに、そのセンサーからの情報を受け取って整理する脳も進化したことによります。

判断能力も、他の生物のようにごく単純な判断しかできなかったものが、今のように複雑な思考で高度な判断ができるように進化しました。弓矢を発明したり、集団で役割を決めて狩りをしたり、食物を栽培したりすることもできるようになりました。

手足も、細やかに動かすことができるようになりました。特に手を極めて細やかに動かしてさまざまなものを作ることを可能にしました。石器、土器、弓矢他を作製できるようになりました。現代ではさらに複雑で高度なものを生み出すことができるようになりました。

言語を操るようになって、さらに複雑な思考、細やかに伝達すること、細やかに記録を残すことも可能になりました。

以上のような脳と身体の進化が、生き延びて子孫を残すために大事な役割を果たすようになりました。

繰り返しになりますが、このように**脳の機能が高度になっても、やはり脳の基本的な構造は他の生物と同じでその働きは、五感から得た情報を脳に集め、その情報からどのように行動するかを判断し、身体の動作の指令を発することで、その目的は生き延びて子孫を残すこと**です。

そして、**生まれて間もないころから、五感のセンサー能力、それらの情報を収集整理する能力、判断する能力、身体を精緻に動かす能力を、本能により向上させようとします。その向上させようとする本能も心に大きな影響を与えることになります。**

ヒトも哺乳類

ヒトも哺乳類です。誰でも知っていることですが、これをおさえておくことも心の解明に大事になります。それは、哺乳類一般に言えることはヒトにも言えるからです。

哺乳類は、オスとメスがいて子供を産み育て子孫を残すために協力しています。親が子に生きる術を教え、子供を守るために必死になります。**哺乳類もヒトと同じように家族愛をもっています。家族愛が種の存続に極めて大事だということがわかると思います。**ヒトがなぜ愛を大事だと考えるのかを理解するヒントが哺乳類を観察することでわかります。その他、哺乳類もヒトと同じように、怒りという感情はもっていますし、自らの身体能力等を高めようともします。これらについても、哺乳類をよく観察することでヒトの心を知るヒントになります。

ヒトと他の哺乳類との違い

それではヒトと他の哺乳類とは何が違うのでしょうか。すでに皆さんがよくご存じのことですが、きちっと整理しておくことがヒトをよく理解するために重要ですので、簡単にまとめておきます。

①目でより細やかに色と形を判別し、耳でより細やかに音や声を聞き分け、鼻でより細やかににおいを嗅ぎ分け、舌でより細やかに味の違いを判別し、肌でより細やかに感触の違いを判別します。他の動物でもヒトよりにおいを嗅ぎ分ける能力が高い動物など個々の能力が高いものもいますが、総合的に細やかに判別できるのはヒトでしょう。

②最も大きな差はやはり脳でしょう。五感の情報からどのように行動したらよいかより高度に判断します。また言葉を操って、より**細やかにコミュニケーション**をとり、また**記録**し、**複雑な論理的思考も可能**にしています。

③手足を（特に手を）細やかに動かすことができることも大きな違いです。これにより、

生きるために大事な道具を作ることも可能にしました。

哺乳類をよく観察し、ヒトと他の哺乳類との共通点と相違点を整理してみると、やはりヒトの心を理解する助けになります。

子供は本能のまま生まれてくる

子供は本能のままに生まれてきて、生まれて間もない子供はまだ体験が少なくほとんど本能のままです。現代人のような複雑な心の動きは、本能に加えて大人になるまでのいろいろな体験を積み重ねる中で生まれてきます。遺伝子に組み込まれた本能プラス個々の体験が、個々の違いに結びついています。遺伝子自体の違いも人の違いに影響がありますが、それは優劣ではなく、特性の違いだと理解していただきたいと思います。

子供から学ぶ

子供は本能に加えて体験を積み重ねている段階で、将来の人格形成にとって大事な時期だと言えます。**子供のときの体験の一つひとつが心を形づくるのに大きな影響を及ぼします。**したがって、現代人の複雑な心の形成を理解するのに子供をよく観察することが有効になります。子供をしっかり観察してその行動を理解し学ぶことで今の自分が何なのかを理解することもできます。子供にはいろいろと教えなければならないと思っている方がほとんどですが、それ以上に**子供を観察することで心について多くを学びとることができます。**以後、子供の行動観察を引用しながら、論を進めていきます。

理性も本能のうち

理性というと、通常は本能と反対の言葉だと解釈されます。しかし、理性も元をたどれば、本能の延長にあると解釈することができます。

理性とは、生まれたときから備わっている本能的なものに対し、合理的な行動に導くための論理的な思考をさせるものです。子供が成長して、知識、経験を積むたびに、少しずつ考えて行動する中で備わってきます。

それでは、理性的な考え、行動に導いているものは何でしょうか。それは**本能**です。脳の中に理性的な思考を生み出す部位があり、本能的な衝動をコントロールしていますが、コントロールする**目的、判断基準が、命を守り、種を保存すること**です。

例をあげます。攻撃されたら仕返ししたくなるのは本能的衝動ですが、仕返しすることでさらに攻撃を返されて危険が増すことを理性が判断すれば、仕返しを思いとどまります。

目の前にある穀物を食べたくなるのは本能的衝動です。しかし、食べるのを一旦我慢してこれを植えて育てれば、さらに安定的に食料を確保でき、より確実に命と種を守るのに役立つと考えるのが理性です。

これらのことから、**理性も命を守り、種を保存するためにあり、その本来の目的を達成させるには、より理性的な思考能力を育てることが大事である**ことがわかります。

今、わずかの例で理性を説明しましたが、他にも衝動的な行動を理性でコントロールする事例は数多くあります。そしてそれらは、人の秩序と調和ある発展につながります。

優越感を感じようという気持ちとそれに伴う行動も、理性をはたらかせることにより、優越感よりも誠意と思いやりが大事であることがわかってきます。実は、本書の目的もすべての方々にこの本来の理性を高めてもらいたいということにあります。

性

性に関しては、特に強烈な脳内の快楽物質の分泌があり、より多大な快楽を伴います。

改めて説明するまでもなく、種の保存という大きな目的の最も大事な行動であるために特に多大な快楽を伴うようにできています。性による本能的な衝動、愛という本能的な衝動、理性によるコントロール、これらがせめぎあうことで、いろいろなドラマや犯罪が生まれています。

他の動物に比べて本能的な性行動を理性でコントロールできることが、プラスにはたらくこともあれば、マイナスになることもあります。コントロールできることにより、本来の生殖行動のためだけではなく、快楽だけのための性行動もできるようになりました。これが良い方向にも悪しき方向にもなります。互いの愛を深め合うことにつながり、それが種の保存につながる面がある一方で、その性行動を利用しての悪意をもった金儲けにつながる面もあります。性の快楽のための職業に関しては、プラスにはたらく面とマイナスにはたらく面があるようです。

人間という種の健全なる発展のためには、性や愛による衝動的な本能と理性、これらがバランスよく機能する必要があります。子供から大人に変化するときには、この二者のコントロールがうまくいかずに思わぬ方向に暴走し、犯罪につながることもあります。

快楽が多大であるがゆえに、心の奥底も性が大きく影響してきます。これについては、社会全体にこれを論ずること自体をタブー視する風潮がありますが、もっときちんとした研究の積み重ねが必要な分野の一つなのではないかと思います。

きちんとした研究を積み重ね、それに伴う教育もしっかり充実させることで、性に関わる問題や犯罪、その他の社会問題を解決する糸口がみつかるのではないでしょうか。

男と女

男性と女性は、命を守り、種を保存するために、野生時代からその役割を分担してきた経緯があり、それが本能的な衝動や心の動きの違いとなって表れています。

原始時代の村の生活を思い浮かべてみましょう。いくつかの家族が群れとなり、男は野をかけめぐり、共同で狩りをするために必要な知恵、知識、体力他の能力を伸ばすために必要な本能的衝動や心をもちます。村に残った女たちは、共同で子供の世話をしたり、その他村にいてできること（煮炊き、衣類製作、女同士の情報交換等）を行ったりして、それに必要な知識、能力を身につけるための本能的衝動や心をもちます。

子供の遊び方をみると、興味のあるものが男女で違います。遊びは、それぞれの能力を伸ばすためにあります。違う役割の能力を伸ばすために遊びにも違いがでてきます。そして、その違いが心の違いにも結びついていきます。

男女の違いというのは、現代においても続いています。結婚前は、互いに将来の伴侶として異性に特別な興味をいだき、常に意識の奥に異性の存在があります。異性に対し、単に性的欲求を満たす対象としかみることができないこともあります。しかしやはり、愛を伴うことで喜びも特に大きいことを理解する、させるという文化が必要かもしれません。

第2章　感情の正体

感情はその他の心の形成の基礎にもなっているので、まず感情とは一体何なのか明らかにしていこうと思います。

怒りとは他の動物とも共通する本能

怒りがこみあげてきてどうしようもないことがあったと思います。それでは、怒りとは一体何でしょうか。なぜ怒る気持ちがこみあげてくるのでしょうか。怒りは他の哺乳類等の動物にもあり、そこから理解することができます。

投げた物が誤って犬に当たったりすると、顔とうなり声でヒトを威嚇するように歯をむき出しにして、怒りの感情を表します。そして実際に、攻撃することもあります。一つの餌を取り合う二匹の熊が互いに威嚇しあうとき、あるいは実際に闘うときに互いに怒りの感情を表します。母と子の熊が人間にでくわしてしまって、母熊が子熊を守るために人間に対して威嚇するときに怒りの感情をみることができます。その他、いろいろな動物の怒りの感情を表すときのことを思い浮かべてみてください。

自身に危害が加わりそうなとき、自身が生きるための餌を得ようとするとき、自身の子供に危害が加わりそうなとき、その他**自身の生き残りや種の保存のために相手を攻撃しなければならなくなったときあるいは攻撃するような体勢で威嚇して相手の行動を制限しようとするとき怒りの感情が湧いてきます。**

ヒトも含めて哺乳類等が怒りの感情をもつとき、

①通常よりも**力をアップ**させたり、**俊敏な動きを可能**にさせたりするために、怒りの脳内物質を分泌し**糖分（エネルギー）を血液中に排出し血圧を上げます。**

②攻撃するかもしれないと**威嚇しその表情で相手の動きを制限**したりします。

すなわち、**自分自身の身体的能力を一時的に高めたり、相手の行動を制限させたりするために怒りの感情があります。**

どの哺乳類でも、他の哺乳類が怒りの表情をみせたとき、それが怒りの表情であることがわかります。怒りの表情をみせられてその意味を理解したときに、こちらからも怒りの表情を返して闘うか、あるいは逃走するかなどを判断することになります。ヒトも含めて哺乳類には、その脳の中に**表情から怒りを判断**するようにあらかじめインプットされています。そして脳は、闘うか逃走するかを判断します。また、相手の動物の怒りの表情から、その動物に対して次からしてはいけないことを学習することもあります。

このように、**怒りという感情は、本来は、自身の命を守り、種を残すために大事な本能**であることがわかります。

ヒトの怒り

ヒトの怒りも、本来は他の哺乳類等と同じように、自身の命を守り、種を残すためにありました。しかし、ヒトは、それとは直接関係ないところでも、いろいろな場面で怒りの感情が湧き上がってきます。ヒトでも苦痛を与えられたときや命の危険にさらされたときなどの怒りは本来の本能と同じものですが、それ以外でも、損害をこうむったとき、侮辱を受けたとき、何かをしようとしてそれを邪魔されたとき、それらが自分と親しいものにむけられたときなどがあります。そういうとき、相手を暴力的にあるいは言葉で攻撃したくなります。他の動物と同じようにその相手の行動等を制限しようとするために怒りの感情が湧いてきて、険しい表情とともに相手をすぐにでも攻撃しようという体勢になったりします。本来は、自身の命を守り、種を残すための怒りという感情ですが、それとは関係ないときの些細なことで自身の思い通りにならないことでも、腹が立つことがあり、人によっても差があります。この差は、元からの遺伝子の違いと経験の違いからきます。

元々**生まれて間もないころは他の動物と同じように、自身の命を守り、種を残すためだけの怒りの感情をもっていますが、体験の中でそれとは直接関係ないところでも怒るようになります。**しかし、一見、自身の命を守り、種を残すためとは思えないような怒りにみえても、元をたどっていくと、**自身の命を守り、種を残すため**のものであったことがわかります。

例えば、**生きるために必要な食料をお金で手に入れることができることを知ると、金銭的な損失を与えられたときにも怒るようになりますし、さらに収入を抑えられるようなことをされても怒るようになります。**その他、人間が何かをしたいと思ったことを邪魔されると怒ることがありますが、そのしたいという思いの根源をたどるとやはり自身を守り、種を保存させたいという本能に関わっており（例えば、遊びや楽しみなどを邪魔されても怒りますが、後述するように遊びや楽しみも生きて種を残したいという本能から派生したものです。すべての怒りを説明するとそれだけで一冊の本ができてしまうほどで際限がありませんので省きますが、その他のすべての人の言動や行動も元をたどれば、生きて種を残したいという本能に関係します）、それをさえぎられると怒りが湧き上がってきます。

このようにして、人間の脳が複雑に考えることができるようになったために、自身の命を守り、種を残すためとは直接関係ないところでも怒りがこみあげてくるようになりました。こうして、体験を積む中で、さまざまなケースで怒るようになりました。人によってさまざまに違う体験をしているため、それぞれ怒るケースが異なります。

また、親の影響も多く受けます。親が金銭的な損失を被ってもおおらかで前向きに生きていると子供はそれを受け継ぐことが多いようです。逆にそんな親が反面教師となった子供は、損ばかりしている親を歯がゆく思い、金銭的にシビアになり、少しの金銭的な損失に対しても怒るようになることもあります。

反対に金銭的にシビアな親の影響により、少しの金銭的な損失にも怒るようになることもあります。一方そのような親に疑問を感じて、金銭的にあまり怒らなくなったりすることもあります。その他、さまざまなシーンで親が怒っている様子をみて学習し、親が怒っていたのと同じシーンで怒る傾向にあるようです。

その他、親の育て方によって大きく影響されます。子供のときの親の一言一言で子供がすぐに切れやすくなったり、おおらかになったりします。何気ない親の一言がその子供に思った以上の影響を与え、将来もずっとその心の中に棲み続けることがありますので、子供に対する一言一言には十分配慮する必要があります。

嫉妬心もこの怒りの分類に入るものと類推でき、対象の相手に対しいろいろな形で攻撃を仕掛けることもあります。**自分が認められたい**という思いが強いとき（認められたいという気持ちについては後述）、**対象の相手が他から認められているときあるいは認められる可能性があるとき、その対象の相手をおとしめることで相対的に自分の価値を高めようとすることがあります**。あるいは特定の人間から好意をもってもらいたいと思い、その人間が別の誰かに好意をもっているとき、その誰かに対しても嫉妬心が湧いてくることがあります。

怒りの感情が自身の能力を一時的に高めることを前述しましたが、うまくこの**感情をコントロールできれば、自身の能力を向上**させることもできます。しかし、**コントロール方法を間違えると無用な衝突**を生み出すことになります。**怒りの感情をうまくコントロールできるか否かは、その人の人格や将来に大きく関わってきます**。これも子供のときの体験が関係します。

人の場合は、自分に対する攻撃だけでなく、被害を受けた人への同情からその加害者に怒りを感じることもあります。社会悪に対する怒りをもつこともあります。これも脳の中に同情する部位があるらしく、感情移入による怒りもあると考えられます。感情移入により、あたかも自分自身が被害を受けたのと同じ感覚をもつときにも怒りの感情が湧いてきます。

その他、さまざまな形の怒りがあり、いろいろな犯罪や社会問題に関係しており、社会全体、世界全体のさまざまな問題にも関係してきます。これについては、後ほど、述べていきたいと思います。

感情とコミュニケーション

ここで人の感情の原点の一つをみることができます。

人は、怒りに限らず**感情をもつと、細やかに顔面の筋肉を動かして、それが表情に表れ、それが相手に瞬時に伝わります。**

人の場合、自分にプラスになるようなことが起きると喜びの感情（その他楽しいという感情や幸福感）が生まれます。相手の行動が自分にプラスになって、喜びの感情が表情に表れ、相手にもそれが瞬時に伝わり、これからもそのような行動を促すことになります。

その他の感情についても、瞬時に何かを伝えることができます。

生まれたばかりの赤ちゃんは言葉を話せませんが、泣いたり笑ったりの表情を表にだします。それで親は赤ちゃんが何かしらの不満などがあるのか、あるいは心地よいのかなどを知ることができます。赤ちゃんのほうも周りの人の表情からその心を敏感に感じ取っています（赤ちゃんをよく観察してみてください。周りの人の顔をよくみています。それは本能的に表情から感情を読み取ろうしてしているからです）。親から教えられなくても、子供のときから、表情から人の感情を理解できます。やはり**脳の中に喜びなどの感情を理解できるようにあらかじめインプットされている**からです。そして、瞬時にコミュニケーションをとることができます。その他の感情もその表情でおおよそ理解でき、やはり瞬時に伝達できます。

人類をこれまでに発展させてきた原動力の一つが、感情による瞬時のコミュニケーションなのではないかと思います。

それでは、その他の感情についても述べていきたいと思います。

悲しみ、苦しみとは

なぜ、悲しいという感情があるのでしょうか。悲しいという感情がどういうときに湧き上がるのか、悲しいという感情が湧き上がったときに人はどうなるのか、これもまた赤ちゃんを観察すると理解できます。

悲しみの形の代表的なものとして泣くという感情行動があります。赤ちゃんは言葉による伝達ができませんが、泣くことで親は何かしらの不快感のようなものがあるとわかります。泣かないまでも不快感をその表情から理解できます。そして、ミルクを欲しがっていることなどを知ることができます。欲しいものを得ることができなかったり、大切なものを失ったりしたとき、それが表情となって、外見にでて瞬時に周りの人がそれを理解します。**悲しいという感情は、それが外見にでることで、欲していないことがその人に発生したことを瞬時に伝えることができます。**

さまざまな悲しかったときのことや他の人が悲しみをもっているときのことを思い出してみてください。悲しみの表情が表にでることで何とかしてもらったり、何とかしてあげたりしますね。**好ましくない状況が他の人に伝わり、お互いに何とかしてあげようとします。**

身体的な痛み等の好ましくない状況が発生しているとき、苦しみの感情が湧き上がってきて、それが表情に表れてきて他の人に伝わります。そして、助けてくれたりします。**苦**

しみの感情により、それが表情等に表れ、自身の好ましくない状況を瞬時に伝えることで、相互に助け合い、生存確率が高まります。悲しみの感情ともよく似ていますね。

悲しみや苦しみの感情が表情として顔などに表れることがいかに人類のためになってきたかがわかります。

悲しみや苦しみの表情を演技して、自分の思いの方向にもっていこうとすることもあります。これも悲しみや苦しみの表情をみて何とかしてあげようとする気持ちがあることを利用するものです。

人によっては、他人の悲しむ姿や苦しむ姿をみて、逆に快感になっている人もいます。さらに、他人の悲しむ姿や苦しむ姿をみて心の奥で**優越感をもちながら、表面的には同情しているふりをする人もいます。**これらの違いが思いやりの気持ちをもつ人と意地悪な人の違いにつながります。あるいは、思いやりと優越感が入り混じった複雑な感情をもつこともあります。これらの違いはどのようにして生まれるのでしょうか。これについては優越感のところで後述したいと思います。

喜び、楽しみ、幸福感と「脳内快楽物質」

喜び、楽しみ、幸福感を感じているとき、なんとも心地よい感じに包まれ、その気持ちをまた味わいたいと思います。そのとき、**脳の中では快楽物質が分泌**され、それが心地よさにつながっています。そして、その元をたどれば、**命と種を守る本能に関係してきます。**

達成感や充実感を感じているとき、スポーツやゲームで勝ったとき、食べているとき、旅行その他の趣味に興じているとき、大金を手に入れたとき、入浴時、愛されていると感じたとき、子供の誕生、性行為などあらゆる心地よいという気持ちは快楽物質がつくりだしています。目標を設定して頑張っている方たちも、ちょっと失礼な言い方かもしれませんが、実は快楽物質をだすために頑張っているとも言えます。人による**価値観の違いやその他の個性の違いも快楽物質を分泌するところの違いと言えるかもしれません。その違いはもって生まれた遺伝子や育った環境で変わってきます。**しかし、繰り返しになりますが、その元をたどれば、命と種を守る本能に関係してきます。

すでに述べましたが、喜びや楽しいという感情の必要性の一つは、やはりそれが表情に表れ瞬時に心地よさを伝えるためです。相手が喜びや楽しい気持ちをもっていることが表情からわかると、それによって自分自身もまた喜びや楽しいという感情が生まれることもあります。さらにそのために、相手を喜ばせよう、楽しませようという気持ちが生まれたりします。

スポーツやゲームを楽しいと感じる人がいます。これはすでに子供のときからもっている本能で、**遊びの中から身体能力、考える能力を向上**させ、その能力は生きて種を保存するのに大事な役割を果たします。勝ち負けを決めるようなスポーツやゲームでは勝とうとします。これは**勝とうとする過程でより身体能力、考える能力を向上**させるためです。そのために勝とうとする本能があります。しかし、この勝とうとする本能が優越感という感情を生み、人間の調和ある発展の障害になることもあります。これについては後述します。

食べること、子供の誕生、性行為による喜びは、生きて種を保存するために直接必要なことなので、改めて説明するまでもないでしょう。食べることのうち、おいしいものを食べたときに特に喜びが大きかったと思います。これにも意味があります。味覚が人間に必要な栄養を感じ取るセンサーになっており、必要なものに対して特においしいと感じます。しかし、味を自由にコントロールできるようになると、必ずしもおいしいものが体に必要なものというわけではなくなっているようです。

私もそうですが、旅行を楽しいと感じる方がいます。これはいろいろなものをもっと見たい、体験したいという本能によるものと思います。これは、直接生きて種を保存することとは関係ありませんが、見識を広げることで間接的に関係することがあるからです。例えば、好奇心で知ったことが、役立った経験があったと思います。人は種の発展のためにその活動域を広めたいという本能があるとも考えられます（現在の人類は、アフリカで生まれ、活動域を広げていきました）。その本能が、旅に駆り立てているのかもしれません。

大金が手に入ればうれしい、そんなことは当たり前ではないかと思う方が多いと思います。しかし、なぜうれしいのかをもう一度考えてみましょう。元をたどれば、やはり命や種を守ることからきています。お金というものを覚える前、生きるためには食べなくてはならないので、おいしい食べ物が手に入るとうれしいと思います。そして、お金でその食べ物が手に入ることがわかると、お金が手に入ることでうれしいと感じます。他にも、種を守るために必要な出産、育児、教育などにもお金が必要になります。

入浴時に心地よく感じます。入浴で血流がよくなることが健康に関係し、健康が命を守るからです。その他健康に良い成分の温泉に入っても心地よく感じますが同じ理由です。

他にも、いろいろなシーンで喜び、楽しさ、うれしさを感じることがあると思いますが、すべてその元をたどると命と種を守ることに関係するはずです。さまざまな喜びや楽しさやうれしさを感じたシーンを思い出してみてください。そして、その意味を考えてみてください。

人によっては、優越感を感じているときに特に快楽物質を分泌されている人もいます。他人と地位・収入・能力・外見を比較して優れた部分をみて喜びを感じられる人、人の不幸をみるのが好きな人、他人への攻撃が好きな人、自分の自慢話（知識・能力その他）をするのが好きな人など。実はこの**優越感を味わいたいという感情がさまざまな面で社会に影響**しています。これが発展の原動力にもなっていますが、さまざまな社会的問題の根源に関係してきます。これらについては、優越感のところでもう少し詳しく説明します。

「脳内快楽物質」はなぜ必要か

すでに、簡単にふれましたが、再度説明を加筆します。

いろいろな場面で、「脳内快楽物質」が分泌されます。それでは、なぜ、快楽物質が必要なのでしょうか。まず、快楽物質を分泌するケースをもう一度みてみましょう。

快楽物質を分泌するケースには、先天的なものと後天的なものがあります。先天的なものには食べ物を食べるときや性行為などがあり、これは、直接的に種を存続させるためにあるので、理由は明らかです。

後天的なものは、例えば、大金を手に入れたときなどがあります。まず、生きるために必要な食べ物を手に入れるときに快楽物質を分泌します。お金でその食べ物を手に入れられることを知ると、次にお金を手に入れたときにも快楽物質を分泌するようになります。さらに、お金が多く手に入りそうになったときにも分泌するようにもなります。このように、**本来は生きて種を残すために直接的に関係するところで快楽物質を分泌させていたも**

のが、脳の発達により間接的に関係するところでも快楽物質を分泌するようになりました。人が食べる物を栽培して育てたり、さまざまな道具を生み出したりすることで高い文明を築き上げてきましたが、これも後天的に快楽物質を分泌することができるようになったからと言えるかもしれません。これから、**人の心を解明するにあたり、この快楽物質を分泌するケースをよくみることが重要なキーを握ってきます。**ヒトがまだほとんど**野生だったような時代は、愛により特に生存確率が高まるので、愛されていると感じたときに、快楽物質が分泌された**と推測されます（他の哺乳類等にも愛があり、愛により家族を守ろうとして、生存確率が高くなっています）。それで現代になっても、**原始時代より実感は少ないもののやはり愛により生存確率は高くなり快楽物質が分泌されます。**快楽物質を分泌するケースは、元をたどれば先天的、本能的に生きて子孫を残すためだったものが、間接的な手段を手に入れるとき（例えば大金の入手）でも快楽物質を分泌するようになります。

　本来生き延びて子孫を残すためにある快楽物質の分泌が、いつのまにか本来の目的とは切り離されて、例えば大金を手に入れて快楽物質を分泌させるために命を落としかねないような危険な行動をするようになったりしています。その他にも、**ヒトが本来の姿を忘れ**

たところで、快楽物質を分泌させていることで、さまざまな問題が発生しています。

その他のいろいろなところでの快楽物質を分泌するシーンについては、順に後述していきます。

薬物やアルコールで簡単に快楽を得ることができるので注意を要します。アルコールは適量ならばプラスになることもありますが、麻薬等は習慣性があり、絶対に避けなければなりません。

遊びと闘争本能と優越感の正体

優越感はどこから生まれるのでしょうか。これも、子供が成長していく過程をみるとわかります。

子供はゲーム（スポーツゲームなども含めて）などで遊ぶことが大好きです。これは、他の哺乳類にも言えることで、ゲームなどで**遊びたいと思う本能**をもって生まれてきているからです。人間の成長も遊びの中から生まれてきています。**ゲームなどで遊びたいという本能は、自身のさまざまな能力を伸ばしたいという本能**と同じことです。さまざまなゲームをして、その中で勝とうとします。それは、ゲームをして**勝ったときに脳内快楽物質が分泌**されるからです。**快楽物質を分泌させるためにゲームに勝とうとする過程で、生きて子孫を残すためのさまざまな能力、すなわち身体能力、頭脳を使って判断する能力を向上**させます。ただし、テレビゲームに熱中しすぎるのは能力の向上が一つに偏り過ぎて、問題かもしれませんが……。

子供を例にしましたが、大人でも言えます。大人になってからも、遊びたい、楽しみたいという本能はもち続けて、その能力を伸ばそうとしますし、老化による能力低下を抑えるはたらきがあります。子供のほうが、遊びたいという欲求が強く、遊びによる能力向上の度合いも大きく顕著です。

また、原始時代の**闘争本能**という側面もあります。生き残るためには、ときには他を殺してでも生き残ろうとし、闘って勝ち残ったときにも、快楽物質を分泌したはずです。闘争本能の大きさも人によって個人差があるようです。人を攻撃することが好きで攻撃しているときに生き生きしてくる人がいます（ただし、誠意から厳しく接することもあります）。逆に温厚であまり攻撃を好まない人もいます。生まれついての遺伝子と体験の違いがこの差を生み出します。

勝ったときに脳内快楽物質を分泌することがさまざまな優越感の正体です。他の人に勝って脳内快楽物質を分泌させて快楽を味わいたい、それが社会的地位、収入、能力、外見などを他人と比較して、優越感を感じたいという感情につながります。

優越感を味わいたいという感情が現在までの社会の発展をけん引してきた面もありますが、そうではなく反対に発展を阻害している面もあります。

ただし、高い地位を目指す人や大金を得ようとする人の中には、それを手段として世の中に貢献しようとする人もいます。

優越感を味わいたいという気持ちは、場合によっては、**他人の悲しむ姿や苦しむ姿をみて、快感になっていることもあります。**

しかし、**優越感と切り離したところで、自身の能力を向上させたい、真実を知りたい、世のため、人のためにつくしたいという気持ちもあります。**これについても後ほど述べたいと思います。

秩序と調和ある発展のためには、優越感を動機とせずに能力を向上させたいという本能を解放した上でそれで得た力を活用して、誠意と思いやりを動機として支え合うことが必要です。

嫉妬心は優越感と同じコインの裏表のときがある

嫉妬心は優越感の裏返しであることがあります。同じコインを表と裏からみたのと同じ関係です。他人と比べて優れているところをみて強く優越感を感じるような人は、立場が変わると嫉妬心も強い傾向があるようです。優越感を感じて快楽物質を多く分泌させたいという気持ちが強く、それを阻害しているものを排除しようとしたときに嫉妬心が生まれることが多くあります。

「出世して優越感を味わいたい」「金持ちになって優越感を味わいたい」「人に認められて

優越感を味わいたい」という気持ちが強くなり過ぎると、その実現を阻むようなライバルをおとしめることで相対的に自分の価値を高めようとすることがあります。

また、自分の好きな人が別の誰かに好意をもっているとき、その誰かに対しても嫉妬心が湧いてくることもあります。これは前述の優越感の裏返しのものとは違いますが、同様にライバルに対して攻撃を仕掛けたり、攻撃を仕掛けないまでも、ライバルが不幸になることを願ったりすることもあります。

嫉妬心が湧いてきたときに、それを自身の向上心につなげるようにしていく必要があります。アンフェアな攻撃は、社会全体の中でも数多く存在するものと推定され、社会全体としてマイナスになります。

復讐心、憎しみ、嫌悪感

自分を苦しめたり、何らかの攻撃をしたりした人間に対し、仕返ししなければ気がすまないという気持ちが芽生えることがあります。これも何らかの苦痛を与えたものに対する怒りからくるものです。理由も怒りのところで述べたとおり、**自身への苦痛等を二度とさせないようにするため**です。互いに仕返しを繰り返し、際限なく相互に攻撃しあうことにつながることもあります。仲が悪く、常に喧嘩をしている人々もこのような状況下にあります。国際紛争の中にもこの復讐の連鎖によるものがあります。相手に対する武力攻撃の理由が相手からの武力攻撃で、互いに際限のない紛争につながっています。また、これもやはり、前述の闘争本能の表れとも解釈できます。

また、**一度自身に苦痛を与えた人間に対し、憎しみや嫌悪感をもち続けることもあります**。これもやはり生き延びるために敵を判別するためにある脳の機能の一つで脳のどの部位であるかも特定されています。普通はどの方にも嫌いな人間がいると思いますが、これも脳の中の好き嫌いを判定する部位によるものです。

注意されて不快になって嫌いになった人間に対し、自分への愛情により注意してくれたことがわかってきて、好きに転じることもあります。

怠けたいという気持ち

仕事をしなくても、お金が十分あれば仕事をしたくない、見られていなければ仕事を怠けたい。そんな気持ちをもつことがあるかもしれませんが、この気持ちはどこからくるのでしょうか。

できれば怠けたいという気持ちもやはり生きるための本能に関係すると考えることができます。**いざというときのためのエネルギーを温存**しておくために、このような本能があると考えられます。身の回りの犬や猫のことを思い出してください。必要なければ、結構ぐうたらしていませんか。動物園にいって動物を見ても、餌を食べているとき以外は結構ぐうたらしています。動き回っている動物もいますが、動き回って自分の能力を維持しようとする本能であると理解できます。

蟻の集団の中に働かない蟻が常に一定の割合で存在し、いざというときに温存したエネルギーで種を守るという話もあるそうです。怠けたいという本能はそういうこともあるかもしれません。

動物の子供はいつも動き回って遊んでいることが多く、疲れれば寝ています。動物の子供は動き回って遊ぶことで、その身体能力などを向上させているからです。大人の動物は、必要な能力はすでに身につけているので、体力の温存が大事で休んでいることが多いようです。もちろん、能力維持のために遊ぶこともあるようです。

以上から、まず、怠けたいという気持ちが心に生まれてくること自体は悪いことではないと理解できます。その上で、今の社会はみんなで支え合って分業しているので、自分が他の人から支えられているように、自分も社会を支えて頑張らなくてはいけないと理解してください。

認められたいという気持ち

「自分のもっている能力をしっかり認めてもらいたい」、「自分が努力していることを認めてもらいたい」という気持ち。場合によっては見栄を張ることもありませんか。この気持ちはどこからくるのでしょうか。

また原始時代のことを思い浮かべてみましょう。原始時代に村の中で互いに協力して狩りなどをしていたとき、その共同作業に自身も加わりその中できっちりした役割をもっていたいという気持ちがあったものと想像されます。それが自身のもっている能力をしっかり認めていてもらいたいという気持ちの起源だと推測されます。この気持ちが村の中でうまくいくと、相互に認め合い、相互に力を有効に出し合い、村の中でのより良い成果（食料確保等）につながったものと推測されます。認めてもらいたいという気持ちは本能に近いものではないかと思います。

ここでまた、現代に戻って考えてみます。何かの職業につくということは、多くの場合何らかの組織に属することになります。ここでもやはり自分の力を伸ばしたいという気持ちと認めてもらいたいという気持ちがはたらきます。属したその組織が社会に対して、より大きな役割を果たすためには、組織の一人ひとりが自身の力を伸ばす努力と組織の中でそれぞれの力を有効に出し合うことが必要になります。認めてもらいたいという気持ちが有効にはたらくと、その組織は社会に対してより大きな役割を果たすことになります。しかし、個人の認めてもらいたいという気持ちがマイナスにはたらくことがあります。それは、属している組織が社会に対して役割を果たすことより、自身を認めてもらいたいという気持ちが優先されたときです。自身が認められるためにライバルをおとしめる行動にでたり、他の人の能力を否定する行動にでたりしたときです。認めてもらいたいという気持ちが湧き上がってきたとき、組織に対して、社会に対して、マイナスにならないように注意する必要があります。

思いやり

人間は相手の立場に立って考えることができます。互いに相手の立場に立って考えることで、スムーズに支え合えます。このような思いやりの気持ちが、深い人と浅い人がいます。この違いはどこからくるのでしょうか。

それは、子供のときからのさまざまな体験を通して学んでいる中で互いに思いやったほうが合理的だと気が付くかどうかです。あるいは困っていて誰かが助けてくれたらいいと思ったときに、「互いに相手を思いやったほうがいい」と気が付くかどうかということもあります。また、たまたま思いやりのある人に助けてもらったときに、これからは自分も困った人を助けようと考えることもあるかもしれません。親からの影響も大きいと思います。いつも相手の立場に立って考える親の子供は、やはり相手の立場に立って考えるようになります。

すべての人が互いに思いやりの気持ちをもったほうが合理的です。すべての人が互いに思いやりの気持ちをもつことが普通である社会に住んでいると思ってください。毎日が安心感をもって生活できます。もし、災害が発生したら、貧困になってしまったら、という不安も軽減できます。

現在、災害、貧困などさまざまな不幸が世の中を覆っています。もし、困っている人を皆で支え合うという思いやりの気持ちが、ごく普通のことであるという社会なら、一例として緊急増税で対応することも考えられます。物資を緊急生産して送り込む、緊急出資で住宅を造る、たまたま失業中であった人を緊急招集する、などなど（すでに、現在も同じことをしていますが、さらに強力に推し進めるということです）。

大きな災害が発生しても、相変わらずいつもと同じ贅沢な暮らしをしている人もいます。累進的な緊急増税で対応することも考えられます。現在、平均よりかなり多額の収入の人も災害ですべてを失い、貧困になってしまうかもしれません。他にも何かの原因で貧困になってしまうかもしれません。自身の子孫が貧困になってしまうかもしれません。それでも安心を得るには、互いに支え合う思いやりが普通となる社会にすることです。

愛

愛情は他の哺乳類などとも共通する本能で、命と種を守るのに極めて重要です。

他の動物の愛をみてみましょう。子供への愛情から、親は子供を必死に守ろうとします。オスはメスと子供を必死に守ろうとします。オスもメスも共同で子供を必死に守ろうとします。愛情が種を守るのに重要であることがよくわかります。

人も同じで、愛情は命と種を守るために大事です。今ほど文明が発達していない時代、常に他の猛獣から捕食される危険その他の自然からの危険にさらされているころ、互いの愛情での結びつきが生き残るのに大事であり、愛情はごく自然な感情でした。家族への愛情で、他の捕食動物や自然の猛威から必死に家族を守ろうとします。現在は、原始時代ほどの危険はないものの、やはり命と種を守るために愛情は大事なものです。現在でも、災害その他の危険がせまったときに、必死に家族の命を守ろうとします。

恋愛感情も種の保存のために重要で、生殖行動や互いに相手を守る行動になります。映画、演劇、歌などの題材にもされ、結婚前の男女の関心も高く、それぞれの心に響きます。「愛」が種の保存のためにいかに大事であるかを、強く感じ取っていることがよくわかります。

人間に特有な愛情として、人類愛あるいは博愛があります。これもやはり人類という種の存続に大事になります。

大規模災害のときに、家族は元より他の市民を守るために必死に行動された方がいます。

自分の身を犠牲にして、避難を叫び続けた方がいて、そのために多くの命が救われました。

世界で起こっている紛争や災害などのさまざまな悲惨な状況はニュースなどで瞬時に世界に広まり、世界中から援助の手が差し伸べられます。これにより、多くの命が救われました。しかしまだ、世界中で多くの貧困があり、救いの手は十分ではありません。さらなる人類愛による援助が必要です。

動物への愛もあります。やはり、動物との愛も生きることに関係します。

震災で家が倒壊して生き埋めになったときに、自分の飼い犬が他の人を誘導して連れてきて助かった事例がありました。動物との愛も命をつなぐのに関係することの良い事例です。また、昔から犬と人との結びつきは強く、協力して狩りなどを行ってきました。

他のさまざまな生物に対しても、かわいいと思い愛情を感じるのは、その生物の種を保存することにつながります。一見ヒトの種の存続に影響しないような生物にもかわいいと愛情を感じることがありますが、地球上のすべての命は複雑に関連していてある種類の生物の減少が他の生物の減少につながることもあり、巡り巡ってヒトの種の保存に関係する可能性があります。今、地球には絶滅危惧種があり、地球的規模で人間はそれを守ろうとしていいます。これもいろいろな命が複雑に関係していることを本能的に感じ取っていて守ろうとしているのかもしれません。

いろいろなマスコミの報道や本などをみても、愛が大事であることが強調されています。さまざまな形の愛（家族愛、恋愛、動物愛、人類愛）をテーマとした映画や物語に人気があります。人の心の中に愛が大事であることが認識されているようです。

感動するということ

人が物語や実話の中で、誠実で思いやりにあふれた人間に感動するのはなぜでしょうか。苦労して目標を達成した人に感動するのはなぜでしょうか。美しい自然の風景に感動するのはなぜでしょうか。他にもさまざまなシーンで感動したことがあると思いますが、なぜ感動するのでしょうか。

それは、**感動によって、普段は心の奥底で眠っている自分の本来進むべき道を気づかせ**

ようとしているからです。感動したとき、感動した心地よさだけで満足せずに、なぜ感動したかを考えることでさらに自身の進むべきところがみえてきます。

物語や実話の中で、出世や金儲けを目的とせずに、自分自身は質素な生活をして、世のため、人のために誠意を尽くして頑張っている人に感動します。それは心の奥底のあなた自身が、出世や金儲けを目的とすることがよいことではなく、世のため、人のために誠意を尽くすことが大事であることを知っていて、本当は自分自身ももっとそのような方向に進むべきだということを知っているからです。そして、心の奥底で良い方向に進ませようとしている自分が感動という形で示しています。すべての人が、世のため、人のために誠意を尽くそうとするだけで、調和のとれた世界に向かいます。あなたの心の奥ではそれがわかっています。

深い愛情や思いやりの心（それが家族愛であることも、恋愛であることも、人類愛であることも、動物との間の愛情であることもあります）に接したときに感動することがあります。心の奥で愛や思いやりが大事であることを知っていて、もっと愛情や思いやりの気持ちをもちなさいと心の奥の自分が言っていると考えられます。心の奥底のその方向に進ませようとしている自分が感動という形で示しています。愛情や思いやりの心で互いに他を守ろうとします。愛情や思いやりを大事にすることで、人の本来の目的である生きて種を保存させる確率が高まります。

恋愛をテーマにした物語、実話、歌、映画などで感動するのもやはり、心の奥の自分が種の発展に愛が大事であることを知っているからです。そして、心の奥の自分が、愛を大事にするように導いてくれています。

動物との愛に感動することもあるかもしれませんが、やはり、動物との愛も生きることに関係します。すでに述べましたが、動物の愛で救われた事例もあります。また、昔から犬と人は関係が深く狩りなどで連携したりしてきました。その他、地球上のいろいろな生物は相互に関係しており、一見人間と関連が薄いと思われる生物でも巡り巡って関係する可能性も否定できません。それを本能的に感じていて、他の生物に対しても愛着を感じるのかもしれません。そして、他の生物への愛情も大事であることを示すために他の生物への愛に関わる実話や物語に感動させているのかもしれません。

苦労して目標を達成した人に感動するのは、潜在的に自分自身のもっている能力をもっと伸ばし、その力を活用していきたいという意識があるからだと解釈できます。これからの人類の発展のためには、それぞれがもっている能力を向上させ、それを世の中のために還元していくことが大事な要素です。皆さんも、何かしらの努力で自身の能力を向上させ、目標が達成できたときに心地よく感じたと思います。

美しい自然に感動するのは、心の奥で本能的に、本来自然とともに生きていて、自然によって自身の命と子孫が守られていて、人も自然を守っていくことが大事であることを知っているからだと考えられます。

その他さまざまなシーンで感動したことがあると思います。それぞれのシーンを思い出してみてください。……それぞれのシーンでなぜ感動したのかを考えてみてください。……そして、**心の奥底のあなたがあなた自身に示していることを理解してみてください**。

もし、あなたの心が成長して、今まで感動していたようなことを自分自身も普通にするようになると、感動するということはなくなってくるかもしれません。すべての人が理想的な人間に近づくようなことがあるとしたら、感動は必要なくなり、感動するということ自体がなくなるかもしれません。しかし、感動しなくなるほどに人類が成長すれば、それは喜ばしいことで、理想的な世の中になっているはずです。

真理を追い求めようとするのはなぜ

これまでに人類は高度な文明を築き上げてきました。これを支えてきた科学は、真実を解明したいという強い思いをもった方々の努力の賜物でした。中には、金儲けや名誉を目的とされた方もいるかもしれませんが、やはり純粋に真理を追究したいという熱意によりここまでの高度文明があります。それでは、この真理を追究したいという思いはどこからくるのでしょうか。

ここでまた子供を観察してみましょう。言葉を覚え始めると、多くの子供がよくいう言葉が「なぜ？」です。これだけでよくわかると思います。……そうです、人はいろいろなことを**知りたいという本能をもって生まれてきている**のです。この本能こそが真理を追い求める原動力で、この本能が人類の高度文明をけん引してきました。

これを知っておいたほうがためになるとかの計算もなく、単に興味をもって知りたいと思うことを知るための努力をします。**知りたいという好奇心だけで真実を追い求めて、結果として得られたことが応用できることがわかり、利用することでこの高度な文明が可能となりました。**

現代社会でなくてはならない電気。水が上から下へ流れるときの力、石油や石炭を燃料とする熱の力などを電気に変え、私たちはさまざまな形で電気の恩恵を受けています。電気に興味をもった人が、人類の生活を一変させるほど役に立つとかの考えもなしに、単に知りたいという好奇心に支えられて電気の特性について解明していきました。さらにその解明から発電機、モーターなどが発明されました。その解明・発明により、現代の便利な生活が支えられています。

子供がもっている好奇心を大人になってももち続けた人がまさに高度文明の基礎を築き上げてきました。子供の好奇心はまさにこれからの人類の発展を支えているのです。

現在も新たに科学関連のいろいろな解明が進んでいます。人の役に立たないような学問に予算を使うのはもったいないという議論もありますが、**役に立つものだけを研究していたら、現代のような高度な文明はなかった**でしょう。

宇宙に興味をもった人類は、国家予算、あるいは世界的な連携で宇宙に関して探査、研究を積み重ねています。これに関して、人間に直接必要もないことにお金を使うことに疑問をもっておられる方がいますが、人類の発展に役に立つと思います。

これまでも直接役に立たないと思われることを好奇心で探究したことが、現在大いに役に立ち現在の発展につながっているということがあります。例えば、宇宙探査により、小天体の落下による人類への脅威を回避できる可能性がでてきたという側面があります。宇宙探査により地球を取り巻く小天体が無数に存在し、それらをある程度正確に把握できるまでになりました。ニアミスが頻繁に起こっていることもわかってきました。かつて、小天体の落下が恐竜を絶滅させました（それだけではないという議論もありますが）。現在の科学力では小天体の軌道を変えることも可能で研究も続けられています。宇宙探査により、天体落下による大災害を回避できる可能性がでてきたということは、人類にとっても、地球上の他の生物にとっても、極めて大きな成果だと思います。

真理を追い求めることは人の本能です。人類をここまで発展させた原動力もこの真理を追い求める本能です。そしてこれからの発展にも必要だと思います。子供のもっている好奇心はこれからの人類の発展に大事なものです。皆で大事に育ててあげましょう。

第3章　善悪・芸術・スポーツ・宗教

善悪とは

人間以外の動物にとっては、善悪という概念は存在せず、本能にしたがって、生命と種を守っているだけです。人間も、言葉を使うようになる前は、他の動物と同じように本能にしたがって生命と種を守っているだけでした。言葉を使い始め、物事を複雑に考えることができるようになって、さらに善悪という言葉もつくって、善悪という概念が生まれたと思われます。そのころに戻って、どのようにして善悪の概念が生まれたのかを考えてみましょう。

原始時代にいくつかの家族が集団で村をつくっているとき、村には秩序のために互いにしてはいけないことがあったと思います。例えば、相手を殺したり、傷つけたり、相手のものを盗んだりする行為など。それを言葉で悪と表現したのが始まりだったのではないかと思います。逆に、村全体のためになるようなことをしたとき、それを善と表現したのではないかと思います。

世界のいろいろな地域で違う言葉があります。それぞれの地域で言葉が生まれるころ、それぞれの地域で善悪に類する言葉が生まれたものと推測されます。

現代においてもやはり、原始時代と同様に社会全体で互いに安心して生活するために好ましくない行為を悪、好ましい行為を善としているのだと考えられます。

現在、善悪に関わるさまざまな議論があります。これから社会の善悪を考えていくにあたり、この善悪というものの原点に立ち返って考えてみるとみえてくるものがあります。すなわち、人間が秩序と調和をもって生きていくにはどうしたらよいかという基本に立ち返って考え直すと、さまざまな問題の解決の糸口がみえてきます。例えば、自分の出世や金儲け、優越感のために社会全体の秩序と調和を乱す行為は好ましくないことなどです。

芸術とは

美術、音楽、演劇、工芸品、舞踏その他さまざまな芸術が人間世界にはあります。他の動物にはない人間特有のこの芸術とは何でしょうか。なぜ人間は芸術を愛するのでしょうか。

ここでまた、子供を観察してみましょう。子供にクレヨンと紙を渡すと楽しそうに何かを描きます。積み木を渡すと勝手に積み重ねて遊んだりします。身の回りに何か音が出るものがあると音を出して楽しんだりします。音楽が流れると音楽に合わせて自然と体を動かす子供もいます。まさに芸術に関する萌芽です。今までも説明してきましたが、子供は遊ぶことが大好きで、それは本能であり、身体的能力、脳の能力を向上させます。

もう一度、子供をよく観察してみましょう。クレヨンと紙で絵を描くことで、手を細やかに動かす鍛錬にもなりますし、創造力を向上させることにもつながります。積み木なども同様に手を細やかに動かし、創造力も向上させます。音楽の萌芽となる音を出しての遊びも繊細に音を聞き分ける能力を向上させますし、創造力も向上します。音に合わせて踊ることで、身体を自在に動かす能力を向上させます。

これもやはり脳内快楽物質が関係します。絵を完成させると脳内快楽物質が分泌され、より脳内快楽物質を分泌させるためにさらに上手に絵（芸術性の高いもの）を描こうとします。こうしてさまざまな能力、創造力を向上させました。

手を細やかに動かす能力や創造力は新たな道具を生み出す力になりました。槍、弓矢で狩りの効率を一気に引き上げました。石の刃でいろいろな物を切ることができるようになりました。土器の発明で、煮炊きや貯蔵を可能にしました。衣類を作ることもできるようになりました。住居を作ることもできるようになりました。

私は縄文時代の遺跡を見るのが好きでいろいろな縄文遺跡を見に行ったことがありますが、縄文時代の土器や土偶などを見るとき、芸術性の高いものを目指そうとする人のパワーを感じます。

このように、より芸術性の高いものを生み出したときに、より多くの脳内快楽物質をだすことで、芸術自体が進歩していったと思います。人の生産能力が向上し、分業が高度に進み、最低限の生活を確保してもなお余裕がでてくるような高度な社会になることにより、芸術性の高いものを生み出す能力自体が職業として成り立つようになりました。さらに、他人が作った芸術性の高いもの自体を鑑賞することでもすごいと思うようになり、芸術鑑賞によって脳を刺激して脳内快楽物質を分泌させるようになったのではないかと思います。

そこで優れた作品を購入したいと思う人がでてきて、職業として成り立つようになったのではないかと思います。

スポーツ、ゲームとは

スポーツは好きですか。実際にスポーツをすることが好きな方もいれば、観戦することが好きな方もいると思います。ところで、なぜこれほどスポーツの人気が高いのでしょうか。どんなスポーツでも自分の地域からでている選手、自分の国からでている選手を応援したくなります。当たり前になっていますが、なぜでしょうか。

まずはスポーツをするのが好きな理由。もうすでに何度かふれていますが、すでに子供は、身体能力等を向上させるためスポーツをして遊びたいという本能をもって生まれてきているからです。そして、スポーツで勝って快楽物質を分泌させようとします。しかし、勝って分泌する快楽物質よりは少ないものの負けてもスポーツで汗を掻く心地よさで快楽物質を分泌させます。スポーツをすることが能力向上にも健康面でも有効であると体がわかっているからです。

スポーツで勝つと脳内快楽物質を分泌して心地よく感じると言いましたが、そのためにフェアでない方法でもいいから、勝とうとする人もいます。しかし、それを行うとスポーツの本来の目的である、能力の向上がどこかにいってしまい、単に脳内快楽物質を分泌させるだけになってしまいます。スポーツの本来の目的からいっても、フェアプレーの大事さがわかると思います。

次に、自らスポーツに参加して楽しむことの他、スポーツ観戦で楽しむこともあります。観戦で楽しむということはどういうことでしょうか。スポーツ観戦するときのことを思い出してみてください。楽しむとき、どちらかの立場に立ってはいませんか、どちらかを応援していませんか。スポーツ観戦を楽しむ理由の一つには、スポーツをしている人たちと一体化して勝って快楽物質を分泌する喜びを共有することが考えられます。そのスポーツをすることが好きな方が、実際にスポーツに参加しているような感覚を楽しむこともあると思います。

また、スポーツ観戦を楽しむ理由の一つには、ゲームの変化自体をドラマの展開のように楽しむことも考えられます。スポーツ観戦の中でも、選手たちの動きに合わせて、あるいはこうして動いてほしいと思う気持ちに合わせて、自分の身体がぴくぴく動いてしまいませんか。あるいは作戦を立てて考える必要があるスポーツでは一緒に考えていませんか。やはり、スポーツ観戦でも脳を使い、脳の活性化に役立っていることが推測されます。

オリンピック、高校野球、プロ野球、プロサッカーなどで、自分の国や地元のチームやひいきのチームを応援するのも理解できると思います。勝って快楽物質を分泌させたいという気持ちを選手たちとともに共有しているからです。それだけではなく、スポーツで身体能力を高めたいという本能は、選手たちの身体能力のレベルの高さをすごいと思う感動にも似た気持ちで快楽物質を分泌させているのではないかと思います。

ゲームセンターでゲームを楽しむのも、スマートフォン等でゲームを楽しむのも同様に、脳の活性化や身体の一部の能力向上のために遊びたいという本能からきています。ただし、ゲームセンターやスマートフォン等での遊びでの能力向上は一部の能力に限定されるようなものもあります。

映画、演劇、物語

映画、演劇、物語を楽しむ気持ちはどこからくるのでしょうか。

映画、演劇、物語を楽しんでいるときのことを思い出してみてください。自分自身がその世界に入り込んであたかもその世界で体験しているような感覚になりませんか。その世界で登場人物と同じ気持ちになったりしませんか。

人はさまざまな体験から、いろいろなことを学びますが、体験は限られています。映画、演劇、物語の中の登場人物に自分を置き換えて観賞する中で、疑似体験できます。その疑似体験の中で、これから自分の身に起こることに対応する能力が向上しているものと推測できます。できる限り多くの体験をしたいという本能が映画、演劇、物語を楽しむ気持ちにつながっているものと思います。

宗教の合理性

私は、何かしらの宗教の信者になっているわけではありませんが、なぜか、宗教が好きで興味をもっています。

仏教にもキリスト教にもイスラム教にも興味があります。私にとっては、各宗教の垣根を感じられず、人を導く方法が違うだけで、人を正しい方向に導こうということは同じにみえます。宗教の違いで争っている姿をみると心が痛みます。争わなくてもよい道があるものと信じています。

若いときに仏教を勉強する中で、仏教からいろいろなインスピレーションをもらいました。仏教の勉強が私に与えた影響は大きいものがあります。

社会人になって生活を送る中で、お金、社会的地位、優越感などを中心に考える人たちをみて、何かが間違っているというインスピレーションをたえず私に送り続けたのが、仏教の勉強だったような気がします。

私は科学も大好きで、宇宙、脳科学、地球史などにも興味があります。科学の勉強から人間について考え、人間がいかに迷い道に入り込んでいるかを理解していく中で、宗教の教えが、迷い込んでしまった人たちを正しい道に導こうとしているのだと感じました。

仏教は、人々がいろいろなものへ執着することで迷いの道に入っていることから、執着を捨てることを説いています。お金への執着、出世への執着、優越感への執着が秩序ある世界の妨げになっていると思います。これを正しい道に戻そうというものが感じられます。

キリスト教は愛を大事にすることを説いており、家族愛や人類愛などがこれからの人間の発展には大事であると思います。

イスラム教は、神の下での人々の平等を説いています。本来人間は生まれたときから平等であることを認識することもこれからの世界にとって大事なことだと思います。イスラム教についてはいろいろな誤解もあるようですが、いろいろな戒律も理にかなっていると思います。例えば断食。食の大事さを改めて感じ、他の人の飢えを理解することができます。また現代では断食による健康効果も認められています。

宗教の合理性については、ごく一部の例で簡単に紹介してしまいましたが、いつか整理してこのテーマの詳細をまとめたいと思っています。

第4章　私たちの文明

お金とは

人類の歴史の中で、お金の発明が社会を一変させました。それまでは物々交換であったものが貨幣を媒介することで、物の貯蔵の苦労もなく、財を簡単に持ち運べ、税の徴収も容易で、社会は飛躍的に便利になりました。働いた価値を一旦貨幣に置き換えることで、分業の高度化も可能にさせました。当たり前のように利用しているお金ですが、これがなかったころの不便さを考えると、まさにお金は現代社会を支えている最も便利な道具の一つであることがわかります。

しかし、現代の人間はその便利なお金のために大事なことを忘れているような気がします。お金さえあれば欲しいものは何でも手に入る。お金が最も大事であるとお思いの方も多いのではないかと思います。人の心もお金を中心に考え、人の価値さえ収入の大きさで判断しておられる方もいるようです。

忘れている大事なこととは、**お金の価値を裏付けているもの、すなわちお金で手に入る**

ものは、あくまで個人個人が生産しているものであるということです。お金で買えるさまざまなもの、例えば食べ物、衣類、住居、自動車などなどは、すべて人が生産しているものです。いくらお金だけあっても、欲しいものを生産している方たちがいないと意味がありません。

お金があるからいろいろな物が手に入るのではなく、働いている方たちが生産してくれているから手に入るということを忘れないでください。

人々が受ける恩恵の総量は、人々が生み出す総量に等しく、**人々がより多くのものを生み出し、人々がより多くの恩恵を受けるにはどうしたらよいかという視点で考えるとみえてくるものがあります。お金はそれを可能にさせるためのあくまで道具に過ぎないということがわかってくるだけで、さまざまな社会問題の解決の糸口がみえてきます。**これについては、また後述したいと思います。

分業

原始時代、最初自給自足だった人類も少しずつ分業態勢をとり、トータルとしての生産性を向上させてきました。さらに貨幣の発明などにより高度な分業が進んでいきました。作物の収穫の効率化等により、少ない人数でより多くの食料を生み出せるようになったりして、分業のさらなる高度化、新しい職業なども増えていきました。

現代の分業態勢にいたっては、発電して電気を売る職業など、一人ひとりの生み出すものはさらに多種多様になっていきました。供給される電気と電化製品、燃料と自動車、欲しいものはコンビニ、スーパーマーケット、通信販売などで簡単に手に入り、娯楽場、スポーツなどを楽しむなど高度な生活が可能となりました。これも細分化された**多種多様な分業により成り立っています。**

今や**自分一人が生きていくのに何万人、何十万人、あるいはそれ以上の人の働きによって生かされている**ことをまずは心にきざんでほしいと思います。地位の高い人やたまたま収入の多い人の中にはそのような簡単なことさえ忘れて、優越感まで感じている人がいますが、自分を支えてくれている方たちのことを心のどこかに感じていてほしいと思います。

経済活動

人々が生産し、その恩恵を受ける（消費する）ことが経済活動の原点で、総生産量と総恩恵量は等しくなります。人々がより多くのものを生産し、人々がより多くの恩恵を受けること、それが好景気の状態です。

経済政策についても、経済活動の原点に立ち返って、人々がより多くのものを生産し、人々がより多くの恩恵を受けるにはどうしたらよいかという視点で考えるとみえてくるものがあります。**個人個人も、自分の収入が多くなることだけに着目するのではなく、社会全体として、多生産、多恩恵のためには自分はどうしたらよいか**を考える必要があります。

互いにお金をよく使えば、多生産、多恩恵になります。例えば、収入の差が大きいと、低収入の方が恩恵を受ける量（消費量）を制限され、それに伴い生産量も少なくなり、景気も悪くなります。**収入の差を小さくすれば（低収入の方の収入が増加すれば）、全体として恩恵を受ける量（消費量）も多くなり、それに伴い生産量も多くなり、結果として好景気になります。**

そのためには、政策と併せて、経営者層の意識も変えていく必要があります。例えば経済政策などにより、企業がある程度の恩恵を受けたならば、その経営者だけの恩恵とせず、それを従業員、下請け会社にも分配していく。あるいは政策として**累進課税を進めれば、間接的に収入の差が縮まります。**そのために必要な社会全体の意識として、**自分の収入が平均よりかなり多い人たちの既得権意識を改めて、社会全体として多生産、多恩恵を目指すことを大事にするような意識をする必要**があります。**自分自身も社会から支えられていることを認識し、支え合う意識をもつ**ことです。もし、優越感を感じていたいというような気持ちがあるならば、そのような気持ちは脳の中でつくられた幻のようなものであることを知ってほしいと思います。

最近新しい経済関係の本が話題になり世界的なベストセラーになりました。格差が広がる弊害と格差是正にも言及するものです。細かな部分では難解で理解しにくいところもありましたが、大筋では同感です。格差是正はこれからの人類の発展に重要な要素だと思います。

食料

原始時代のころは、食料を手に入れることは死活問題で大変なことでした。それに比べれば、現代は簡単にお金で手に入ります。機械化によって効率的に大量生産できるようになり、運搬手段も進歩し、店舗も充実したために便利になりました。簡単に食料が手に入るため、食べることができること自体が大事であることさえ忘れてしまっているようです。高額所得者はさらに高額でおいしいものを求める傾向さえあります。

ところで、おいしいとはどういうことでしょうか。これもやはり、人間に必要なものを食べるときに脳内快楽物質を分泌することに関係します。味覚は、元々は、必要な栄養をとり、有害なものを避けるためにあります。味覚には、甘味・塩味・酸味・苦味・うま味の五つの種類があります。甘味はエネルギー源、塩味はミネラル、うま味はタンパク質と、それぞれ人に必要なものがわかるセンサーになっていて、それぞれをおいしいと感じます。また、酸味は腐ったものや未熟なもののセンサー、苦味は毒のセンサーになっています。酸味や苦味は、経験的に体によいものもあることを知り、おいしいと感じるようにもなっていきますが（子供が苦いピーマンや酸っぱい酢を嫌うのは本能的なものと解釈できます）。他にも経験によっても、おいしいと感じるものが変わっていくことがあります。高級品についてこれはおいしいものだと意識にすりこまれておいしいと感じるようになることがあったり、母親が作ってくれた味は、安心して食べていた体験から母親の味をおいしく感じるようになったりします。

高額でおいしいものとは、五つの味覚を絶妙に組み合わせてこのおいしいという感覚を繊細につくりあげています。しかし、本来はやはり生きていくのに必要な栄養を感知するためにおいしいという感覚があり、それほどまでに高額でおいしいものを求めても、人のためになるかといえば、快楽物質を分泌するだけです。また、必要以上の飲食で成人病になる人もいます。

その半面、収入の格差のため、人によっては十分な栄養をとれない人もいます。必要以上に飲食に贅沢される人と最低限の食事も十分でない人が共存する社会。格差是正が必要な事例だと思います。

芸術的においしい高級料理をつくりあげる職人さんたちがいて、その方たちはやはり貴重な文化です。格差を是正して、高額所得者の消費が少し減っても、一方で収入が改善された方がたまには贅沢なものを食べようとして、何とか食の文化は維持できるのではないかと思います。

衣類、その他の製品

人には衣類が必要です。人類が、寒いところにも適応できて、直射日光が強いところにも適応できるのも、衣類のおかげで、その活動範囲を広げることにも役立ちました。現代では機械で大量生産され、自給自足の時代に比べると、格段に簡単に手に入ります。

さらに、高額なものになると、快適さやデザイン性がアップしており、ブランド品だと名前だけでさらに高額になります。高額所得者になると、かなりの高額品を購入できます。しかしやはり、衣類本来の目的は身体を保護し、あるいは隠すことです。

その他、自動車など、身の回りのいろいろな製品についても、より快適に利用できて、よりデザインがよいものがより高額で購入でき、やはり高額所得者ですと、かなりの高額品を購入できます。

さてここでまた、優越感が関係することがあります。他人より高額なものをもっている人の中には、他の人と比較して優越感を感じている人がいます。しかし、その優越感は脳の中でつくられた幻のようなものです。

その半面、生活に必要最低限なものでも満足に購入できない人もいます。ここでもやはり、必要以上に贅沢なものをもたれる人と最低限の必要な物資も十分に手に入れることができない人が共存している社会であることがわかります。やはり格差是正が必要な例だと思います。是正しても、所得が低かった方たちの増収があったりして、芸術的で高価な工芸品を生み出す文化は維持できると思います。

娯楽

娯楽に関しても、多種多様なものが生まれています。スポーツ、ゲームセンター、映画、演劇、読書などなど。前述したように、さまざまな娯楽を楽しむのも、子供のころからもっているところの遊びたいという本能の延長です。やはり、生きて種を保存させるために能力を向上させたいという本能です。大人になると、子供のときほどに、遊びから得る能力の向上は望めませんが、脳や体の活性化には役立ち、老化の抑制にもつながります。

高額所得者の中には、高価な娯楽に多く費やす人もおります。日々の生活にも窮する人もおります。高額所得者が今より多少収入を減らしてもあまり困りません。やはり、格差是正が必要な事例だと思います。

娯楽の中でも、ギャンブルは少し違います。勝ってお金を増やし、それによる快楽物質の分泌があります。一度大きく勝って大金を手にして快楽物質を多く出した経験をもつと、そのときの快楽が忘れられずにのめりこんでしまい依存症になることもあるようなので注意が必要です。

高度機械化社会

さまざまな物資が機械化で少ない労力で安価に大量生産できるようになり、それはさらに進んでいます。生産した総量が受ける恩恵の総量であることを考えると、単純計算すれば人々の受ける恩恵は増加するはずです。

個々の会社が機械化を進めて経費を削減して増収できて、その増収分のかなりの額を経営者の経営報酬としてしまうと、うまく社会全体の恩恵増加につながりません。聞くところによると、経営者が何億、何十億と報酬をもらっているところもあるそうですが、売っているものをもっと安価にしたりして、増収を再配分することで、人々の受ける恩恵増加につながります。一部の方たちへの富の集中より、富の再配分のほうがより人類の調和ある発展に寄与します。

高度情報化社会

インターネットの発達により、情報を取り巻く環境は急激に成長しています。世界で起こっていることは瞬時に知ることができます。自ら発信することも簡単にできます。それは諸刃の剣です。みんなが知るべき貴重な情報も瞬時に伝わりますが、誤った情報も瞬時に伝わり、社会が混乱することもあります。他人への批判も自由に発信できるために誤解が誤解を生み、ネット炎上などにより人をどん底に落としてしまうこともあるようです。

もちろん貴重な意見を自由に発信することができるという利点もあります。これにより正しい世論を形成することもできますし、真実を知ることも可能です。

しかし、優越感のところでもふれましたが、相手を攻撃するときに特に快楽物質を分泌する方が、インターネット上で誰かを攻撃することで快楽を得ようとしていることがあるようです。

高度情報化社会が健全であるためには、インターネットでの執拗な攻撃を慎む心が必要だと思います。

高度文明が覆い隠しているもの

現在の子供は、高度機械化、高度情報化に囲まれた社会に生まれてきます。しかし、生まれてくる人間は原始時代とほぼ同じ脳と体をもっています。本来は原始時代に適応するための脳と体をもって生まれてきたものが、いきなり高度機械化、高度情報化に囲まれた社会に生まれてくるのです。

原始時代、生きて種を残すこと自体が難しい時代は、必死に生き延びることだけを目的とすることが普通のことでした。同じ脳と体をもった人間が、現代という生き延びること自体は簡単な時代、高度なものに囲まれた時代に生まれてくるとどうなるか。そういう見方で、人間をみるとみえてくるものがあります。

原始時代、子供同士が遊ぶとき、勝ち負けを決めるような遊びをし、その中で身体的にも頭脳的にも能力を伸ばし、大人になったときに、そのときに伸ばした能力を利用して共同で狩りをしたりして種の存続に生かします。

それが、現代になるとどうなるでしょうか。大人同士が共同で狩りをする必要がなくなっています。食料はお金で手に入ります。高度に分業化された社会では、分業化された仕事をすることでお金を手に入れ、伴侶を見つけて子供をつくって育てるのもお金です。子供のときに能力を伸ばすためにあったゲームに勝とうという気持ち（勝って快楽物質を分泌させようという気持ち）は、大人になると、収入、社会的地位で勝とうとします。これも格差拡大の一因かもしれません。

日本の文明

日本人はその思いやりの心から、世界の多くの方たちから好かれています。しかし、そのような日本人のよいところも、もっとずっと前、江戸時代くらいまでさかのぼれば、今よりもっと思いやりの気持ちが強かったようです。困っている人を助けるのは、ごく普通のことでした。そのころの思いやりの心がまだいくらか残っている分だけ、世界から評価されています。思いやりの心が日本人の心に根付いていったのは江戸時代だったようです。これについては、いつかまた改めて整理してまとめたものを出版したいと思います。いつか失われたものを取り返したいと思っています。

明治維新は、歴史的評価としては、短期間に先進国の技術を導入して追いついた成功事例として取り上げられますが、代わりにもっと大事なものを失っていったような気がします。先端技術や新たな思想を取り入れていく段階で、金儲けを目的とするような価値観も取り入れてしまいました。西洋に追いつこうとするとき、西洋人の精神的なものもすべて正しいと思い込んで、取り入れたようですが、西洋の悪い面も冷静に判断すべきだったと思います。

さらに、太平洋戦争後の占領軍の教育政策により過去の教育のことごとくが否定される中で、日本人が培ってきたよいものも否定されてしまったようです。

もう一度江戸時代のころの思いやりの心を見直し、また欧米文化の何がよくて何が好ましくないのかを冷静に見つめ直すときがきているのだと思います。

もう一度文明の原点に立ち返ってみる

人類は脳の進化により文明を発達させてきました。文明を発達させた原動力とは何だったのでしょうか。それは、より確実に生きて子孫を繁栄させることです。弓矢や槍などの発明は、狩りで食料を確保する確率を高め、捕食動物から身を守り生存する確率を高めました。その他身を守り、子孫を繁栄させるために、進化した脳でいろいろな道具、住まいを創造しました。

繰り返します。文明の原点は生きて子孫を繁栄させることです。初期の文明から比べると、現在は格段に高度で複雑な社会をつくりあげました。効率よく食料を生産し、流通させ、水や火や原子力のエネルギーから電気を作り分配させる極めて便利な電力システムで高度な生活を可能としました。他にもさまざまな職業が生まれ見事なまでの分業体制を構築しました。お金の利用により、円滑で高度な分業が可能となりました。しかし、お金はうまく利用すれば、見事な分業を実現させ、高度なレベルで助け合うことが実現できる半面、脳の中の幻である優越感、ねたみを生み出し、混乱させる元にさえなっています。

お金は目的ではなく、あくまで高度な分業体制で円滑にこの社会を運営させるための道具に過ぎず、目的はやはり子孫の繁栄です。また、これほどの高度な文明を運営している私たち人類は、地球上の他の動物の運命も握っているという責任があります。金儲けのための乱獲で、ある動物の種を絶滅においやってしまった実例もあります。

これからも、この文明も地球上のすべての生物も健全に守っていくためには、どうしたらよいかを考えていくときがきています。

第5章　現代社会の抱える諸問題――根底にあるもの――

殺人やその他の犯罪

犯罪を生み出している原因は、その犯罪の種類によりさまざまで複雑な事情がありますが、犯罪者一人ひとりの心の原因と社会的な原因があります。その両方の原因を考えていく必要があります。

心が原因である犯罪を生み出す要因を探っていきます。これまでも述べてきたとおり、一人ひとりの心をつくりだしているものは元々の遺伝子と生まれ育った環境です。私たちは、犯罪のニュースを聞いたとき、その犯罪者について、単に憎むべき犯罪者ととらえることが多いのですが、その裏には罪を犯した人のそれまでの人生、体験があり、その結果として犯罪があります。

最近は誰でもいいから殺したかったといって、大量殺人を起こすような事例も発生しています。ニュースを聞いて、被害に遭われた方たちの無念の気持ちに対して同情する気持ちがまず湧いてきます。私もまず被害に遭われた方たちに対して、なんともいえない悲しい気持ちになりました。しかしそのようなことがなぜ起こったのかを知る必要があると思います。その殺人を犯した方の内側はどんなものだったのでしょうか。

殺してみたかったという動機での殺人の多くは、不幸な子供時代を送ってきた例が多いようです。親から適切な愛と世話を受けられず、虐待されていることもあったようです。また、過干渉により、心が癒されることがなかった事例もあるようです。心に深い傷を負い、癒されることもないまま大人になってしまったのです。心に深い傷を負い、衝動的に殺人を犯してしまいました。そのような方たちは良い人間関係を保つことがうまくできずに、そのために人生の中で失敗を繰り返すこともあります。しかし、そのような方たちは、自分でそのような環境を選んで育ったわけではありません。

皆さんの多くは、親の愛情を受けて育ったと思います。あるいは親の愛情を受ける機会を失われて、何らかの施設で生活されその中で愛情を受けて育たれた方もいるかもしれません。あるいは里親の愛情を受けて育たれた方もいるかもしれません。それでも、適切な愛情を受けられることがその人に大きな影響を与えるようです。もし皆さんが、親から適切な愛と世話を受けられず、虐待されることさえあるような環境に育ったとしたら、自分はどうなっていただろうかとちょっと考えてみてください。

十分に愛されていないと自暴自棄になってしまう傾向にあるようです。誰でもいいから殺してみたかったというような殺人にはしることさえあります。重大な殺人にいたる事件が発生したということは、これは氷山の一角で、ここまで重大な犯罪にいたらないまでも重大事件を起こす寸前の方も多くいるのではないかと思います。

これから殺人などの重大な犯罪のニュースを聞く機会があったときは、被害者への同情とともに加害者の心についても考えてみてください。まず、犯罪者の心を理解して、みんなで犯罪を抑えるにはどうしたらよいかを考えていくことが犯罪抑制に有効だと思います。


社会的な原因による殺人事件もあります。老々介護の末、やむにやまれずに介護している相手の命を奪ってしまったり、発達障害の子供の将来を悲観してその命を奪う例もあります。また、老後の貧困で食料も十分手に入れることもできないために食料の窃盗の罪を犯してしまう例もあります。最近の格差増大のために、貧困を要因とする犯罪が増加傾向となり、老人の犯罪が増えています。

前述の心が原因のものについても、その心を生み出しているものが、社会的原因であることもあります。貧困が人の心さえむしばみ犯罪にいたることがあります。社会の労働状況が芳しくなく、安定した職業につくことができず貧困から抜け出せなくて、自暴自棄になり犯罪にいたる例もあります。

社会的な原因によるものは、弱者に対する保護により減少させることができます。いいかえれば格差是正が大事になってきます。格差是正のためには、前述しましたが、現在裕福な方たちの既得権意識を改めてお金への執着ではなく、互いに思いやりと誠意の気持ちをもって支え合う意識が必要です。

極めて難しいことですが、仮に社会全体で、理想的に職業を分業して、理想的に報酬を受け取り、理想的に相互に助け合う社会が実現できるとしたら、犯罪は激減すると思います。

溺愛のためにわがままに育ち、自分自身をコントロールできずに育ち、罪を犯してしまう例もあるようです。その多くは裕福で欲しいものは何でも手に入る環境で育った方です。これについても、子供のころ、心が育っていく大事なときに、単に欲しいものを何でも与えることよりも、他人の立場に立って考えることや誠意が人間にとって本当に大事なものであることを子供のころから、しっかりその心に植え付けることが心を育てる上で大事なことだと思います。

お金への過度な執着が起こす犯罪もあります。振り込め詐欺などの詐欺事件が増加傾向にあります。貧困で困ってわらにもすがる気持ちでいる方に対して、だましやすいのでさらに追い打ちをかけるような詐欺を行う人もいます。犯罪を起こさないまでも、金儲けのために、他人を不幸にすることもいとわない人もいます。

子供のころからお金を中心にした考えにどっぷりつかっている人たちの中から、だましてまでもお金を手に入れようとする人があらわれます。社会全体の意識をお金中心ではなく、互いに支え合うことが大事であるという意識が普通である社会をつくることができれば、根本的な対策になると思います。

いじめ、パワハラ

いじめに駆り立てているものは何でしょうか。人の中のどのような本能に関係してくるのでしょうか。それは闘争本能が関係すると想像されます。すでに簡単に説明しましたが、原始時代に闘争本能により、獲物を仕留めたときに快楽物質を分泌させたものと思われます。その本能がいじめるときに快楽物質を分泌させている可能性があります。

いじめに関しては、原因、早期発見の方法、対処方法などの研究も進められていますが、心のずっと奥の深層心理にまで踏み込んだ研究で、さらに根本的な対応が必要なのではないかと思います。

パワハラ（パワーハラスメント）は、いじめの延長にあり、社会全体の損失になり、改めていく必要があります。社会全体として、一人ひとりのもてる能力を十分活用し、生産能力を高くして、一人ひとりが受ける恩恵を多くするためにも、パワハラは無くしていくべきものです。

これも社会全体での意識変革が必要です。思いやりの気持ちがごく普通の世界になればパワハラは無くなります。

貧困

日本でも、世界でも貧困が問題になっています。十分な食料、衣類、その他の生活必需品すら手に入れられない、住居に住むことができない、そんな人がいます（その半面、平均収入よりもかなり高収入の方もいます）。

しかし、日本だけに限ってみれば、すべての国民に十分な量を供給させるだけの能力があります。すべての国民が失業もなく働き、すべての国民が十分に生活でき、教育を受ける潜在的能力があります。ということは、日本国内に限っていえば、貧困を克服する潜在的能力があるということです。社会全体のシステムにより、一人ひとりが十分な量を生産し、一人ひとりがその恩恵を受けることができれば、貧困が克服できます。ということは、社会システムに何らかの改善をすれば、貧困問題も抑えられることになります。どのような改善が必要でしょうか。現在の社会は分業で成り立っており、その分業を支えているのはお金という道具です。この道具をうまく利用すれば、格差是正が可能です。

さらに格差是正の前に必要なものは意識改革です。一人ひとりが必要な衣食住などは、お金があるから手に入るのではなく、それを生み出している人がいるから手に入るということを認識した上で、一人ひとりが生み出すものを多くして、一人ひとりが受ける恩恵を多くするにはどうしたらよいかと考えます。そのためには、現在収入が低い人の収入をアップすれば、受ける恩恵を増加でき、それに伴い生み出す量も多くなり、全体として好景気にもなり、貧困問題も改善できます。

現在平均収入よりかなり高収入の方もこの認識を共有できれば、格差是正が可能です。例えば、企業がその従業員や下請けや関係会社も含めて格差是正に努めること、政策としても累進課税を進めることなどです。日本は比較的累進課税は進んでいますが、現在の状況をみれば、さらに累進課税を進めてもよいでしょう。さらに、一般の人の意識改革も必要です。あまり一生懸命働かなくても収入が確保できるからといって、仕事に手を抜くことがあっては成り立ちません。社会全体としての意識改革が必要で、社会全体として誠意と思いやりが普通であるような社会に変えていかなければなりません。

また、もしものときのためにお金を蓄えているという人がいますが、もしものときの保障が十分であれば、蓄えを消費にまわすことができ、それを社会の円滑な分業のために利用できます。

テロ、民族紛争、宗教紛争

現在、世界で、テロ、民族紛争、宗教紛争での争いが絶えません。報復に次ぐ報復で際限がありません。仕返しするのは当然の権利とする考えを改めなければ、これからも際限なく続きます。仕返ししたくなるのは本能ですが、仕返しし合うことは危険であるということを理性で理解する必要があります。仕返ししたくなるという本能は、命と種を守るための本能ですが、仕返しすることにより、また命を危うくするということを理性で判断して終わらせなければなりません。

第6章　これからの人の進むべき道

すでにこれまでの章の中でもこれからの人の進むべき道を示していて、一部については少しダブるかもしれませんが再度整理します。

心について知ることが大事

この地球をさまざまな問題が取り巻いています。犯罪、貧困、紛争、経済的な混乱、いじめ、パワハラ。これらの、**地球上のあらゆる問題をつくりだしているものは、人の心**です。その心について、一人ひとりがよくわかっていない面があります。**わかってくるだけでそれらの解決の糸口がみえてきます。**

これまでも述べてきましたが、人の心が何なのかを知る鍵は、**人も元々は他の野生動物と同様に生きて種を残そうという本能につき動かされている存在**であるということです。

心の奥底に潜んでいるものを探っていくと、さまざまな感情もその本能から派生したもので、心が存在している目的も元々は生きて種を残すためにあるということです。それを認めることとは人間の尊厳をおとしめることにはなりません。人も他の野生動物と同等に考えることで、心が何であるかを明確に理解することができて、心の中でつくられた幻にふりまわされることなく、逆に人の尊厳を取り戻すことができます。

例えば、相手の攻撃的な行動や言動に対し仕返ししなければ気がすまないという気持ちが湧いてきたら、その気持ちの正体が自分の身を守るための本能に由来するもので、脳の中で起こっていることを理解することで冷静になることができます。そうなると、脳の中の理性をつかさどる部位が活性化して仕返ししたら際限のない仕返しの連鎖につながることになると判断することができます。

実際にはこのようにうまくはいかずに、思わず怒りをぶつけてしまうこともあるかもしれません。しかし、その心について理解していれば、後で振り返って冷静に考えることができます。そしてこれからの行動を改めて考えることができます。

犯罪の中には仕返しによる殺人、傷害などが発生しています。仕返ししたいという気持ちの正体が何であるのかを社会全体で理解して、個人個人に浸透していれば、あるいは理性によるコントロールで避けることができるかもしれません。

世界的に多くの紛争が発生しています。その原因もさまざまで、一概にその解決策をいうことはできません。しかし、その中には攻撃の理由が報復で、互いに報復の繰り返しであることもあります。報復したくなる心の意味を理解すれば、その危険性を冷静に捉え、報復以外の解決策を探ろうという理性をはたらかせて解決に向かう可能性もあります。

その他の個人の間の争いも同じことが言えます。今、あなたは誰かと仕返しの繰り返しをしていませんか。もしそうなら、脳の中で起こっている仕返しに関わる本能を理解した上で、理性を活性化してみませんか。

私自身もまだ弱い人間なので、思わず発作的に仕返しの言葉を発してしまうことがあります。そして、後で反省しています。皆さんと一緒に直していきたいと思います。

また例えば、経済問題や貧困問題も、お金に執着する心や優越感の正体が脳の中でつくられた幻のようなものであることを、多くの方が理解し世の中に浸透していれば、その解決の糸口がみえてきます。経済の停滞も貧困問題も、格差是正により解決につながります。

格差是正により現在低収入の方の収入を増やせれば、今まで購入できなかったものを購入でき消費が増加し、それがさらなる生産の増加を促し、景気全体も好循環になります。社会全体としては、人々が多くのものを生み出し、人々が多くの恩恵を受けることが理想的であり、それに近づきます。

それではそれを阻んでいるものは何でしょうか。それは高額所得者の方たちの既得権意識です。その既得権意識を支えているものは何でしょうか。

例えば収入が多ければ、より高価でおいしいものを食べることができます。おいしいものを食べたいという気持ちも本能で、本来人間にとって必要な栄養を舌でおいしいと感じることに由来しています。このおいしいものをおいしいと感じることの意味を理解すれば、おいしいものに対する執着も少しコントロールできます。いつも高価でおいしいものばかり食べていなくては気がすまないというような気持ちはコントロールできます。私もおいしいものは好きで心地よく感じます。でも心地よく感じる中でも、それを冷静にみている自分も存在しています。

他にも、収入が多ければ、高価で欲しいものが手に入ります。収入がかなり多い人の特徴の一つとして高級車があります。高級車を欲しがる心理についてはいくつかありますが、一つには実際に快適であり収入に余裕があれば快適なものを選択したい、また一つには自身の収入の多さを誇示しようとする心理もあるようです。

収入の多さを誇示したい、これは優越感を味わいたいのと同じと解釈できます。これもすでに説明済みですが、能力向上のためにある子供のときからの本能で相手に勝ちたいという気持ち、勝ったときのご褒美が脳内快楽物質の分泌、これが優越感につながるということでした。これを理解しているだけで、高級車にこだわる気持ちをある程度冷静にみることができます。

この他にも高額所得者の人たちそれぞれの使い道があると思いますが、格差是正して収入の多い人が少し減少しても、格差を是正するメリットのほうが大きいと思います。中には収入が多くてもあまり贅沢もせず、寄付行為をする方もいるようですが。

これからの社会がどうあるべきかがわかってきてそれが浸透すれば、収入格差を縮小させたり、累進課税を進めたりすることが可能になり格差是正につながり、経済問題、貧困問題も解決の糸口がみえてきます。

これは仕事を一生懸命しなくても、一定の収入を確保できるために、あまり仕事を頑張らなくなり生産性が落ちるのではないかという懸念があります。これも、やはり心を理解することで解決の糸口がみえてきます。これも説明済みですが、再度説明します。まず、怠けたいという気持ちが心に生まれてくること自体は、いざというときのエネルギー温存のためで悪いことではないということを理解した上で、今の社会は分業して成り立っており、自分が他の人から支えられているように、自分も社会を支えて頑張らなくてはいけないと理解します。これについては、特に重要な前提となり、この前提がなければ格差是正策が成り立ちません。子供のころからの学校や家庭でのしっかりした教育が必要になります。

巧妙な振り込め詐欺が多く発生しており、その被害総額も大きなものになっています。他にも、お金をだましとるさまざまな犯罪、犯罪にいたらないまでもお金をめぐるさまざまな個人間のトラブル、金儲けに執着し過ぎる企業による混乱、などお金への執着に関わる問題があります。人々が生産し、人々がその恩恵を受けることで、この社会が成り立っており、お金はそれを円滑にする道具であることを子供のころから教え、世の中に浸透することが必要になってきます。人々がより多くのものを生産し、人々がより多くの恩恵を受けることを目標にすることが大事であることを教え、侵透させる必要があります。

お金への執着が脳の中でつくられた幻であることの理解が社会全体に浸透することで社会全体が良い方向に向かうようになると考えられます。


いじめが社会的に問題となっており、自殺や殺人事件さえ発生しています。原因として、「力の弱いもの、動作の鈍いものを面白半分に」「欲求不満の鬱憤晴らしとして」「生意気なもの、いい子ぶるものに対する反発・反感から」「自分たちと違う、なじめないなどの違和感から」などがあげられています。さらにこれから、心の奥にある本能にまで掘り下げれば、闘争本能、勝とうとする本能からくる優越感などが考えられます。相手を攻撃するときに脳内快楽物質がでていると考えられます。子供の心の中に攻撃性の本能があることを知った上での根本的な対応策を考えていく必要があります。

例えば、子供に対して、勉強にしても、スポーツにしても、勝つことが大事であるかのような教育をすると、このようなことが起こりかねません。勉強、スポーツでのライバル心をもちながらも、本当に大事なことは相手の立場に立って考えることであることを子供のころから侵透させる必要があります。

今、あなたは誰かを攻撃目標にさだめて、攻撃していませんか。そして攻撃するとすっきりして気持ち良くなることはありませんか。人に頭を下げさせてすっきり感を味わっていませんか。人の不幸、苦しみ、悲しみ、その他のどん底にいるのをみて優越感を感じていませんか。

これらの気持ちは社会全体として、不要な損失を生んでいます。これらの気持ちを生み出しているものは、一つには闘争本能により相手を攻撃することで脳内快楽物質を分泌させることです。二つには相手への優越感で快楽物質を分泌させるものです。本来、生きて子孫を残すためにあったものですが、社会に対してマイナスにはたらいています。それらが本能から派生していることを理解した上で、社会全体の秩序と調和のために理性をはたらかせることが必要になってきます。

人の中には生きる目的を見失っている方がいます。人間について、人間の心が何かについて、わかってくるだけで、今生きていること自体に意味があり、生きて、食べたり、いろいろな思いが浮かんだり、考えたりすること自体に意味があることがわかります。

その他にも、心が何であるかを知るだけで、解決の糸口がみえてくることがあります。今、あなたが悩んでいることについて、なぜ悩んでいるのかということをここに書かれていることを参考にして考えてみてください。きっとヒントが見つかると思います。

認められたいと思ったらまず他人を認める

すでに少し述べましたが、自分こそ認められたいという気持ちが強くなったとき、自身の能力を伸ばすというプラスがある半面、マイナスにはたらくことがあります。それは、自身の考えを強引に受け入れさせようとしたり、他の能力の高いものをおとしめて、相対的に自身を高く認めさせようとしたりするときです。それは全体からみてマイナスです。

互いにその力を生かしあい、全体として生み出すものを多くするためには、互いにもっている能力を認め合うことが大事になってきます。

サッカーなどのスポーツでも、個人技が優れている選手が多くても互いに協力しあう気持ちがないとチームは勝てません。自身の考えを強引に通そうとしたり、特定のものに攻撃的になったりしても、よりよい結論につながりません。

互いに他を認め合うときに、相互の力が最も有効にはたらき、その組織が最も有効的に社会のために機能することになります。認められたいと思ったとき、まず自分が他人を認めることが大事になります。

格差是正の意識をもつ

すでに述べてきたことの繰り返しになりますが、再度整理して述べます。

日本でも、世界的にも、貧困が問題になっています（日本の貧困率は世界的にも高いものになっています）。

世界の貧困事情は一言では言えない複雑な事情があります。ここでは、日本での貧困に限って述べます。

食費、衣服費、住居費、光熱費という最低限の生活費さえ十分支払えない貧困者が増加してきており、現在も増加中です。理由としては、経済不振があります。その半面、平均よりもかなり上の高額所得者の方たちがいます（年収が何億円、何十億円という方もいます。実際には累進課税でかなりの額を徴収されていますが）。経済不振で国内全体の利益が減少してもそのしわ寄せは弱者にいってしまったようです。

また、人々が生産する量と人々が受ける恩恵の量は同じです（単に購入する物量は、生産する物量に同じということです。厳密には生産物のいくらかは過剰で廃棄にまわりますが、そのような誤差は考慮せずに大まかな量のことをここではいいます）。生産量、恩恵の量ともに十分多ければ好景気になります。今、収入が低く抑えられて生活に必要なものも十分手に入れられない方たちの収入を、格差是正により増加させたとしたら、それは蓄えにまわることなく消費にまわり、受ける恩恵の量が増し、全体の生産量も増え、多生産、多恩恵で景気が好転します。

また、高額所得者の人たちが消費するものをみても必ずしもその高額を維持させなければならないということはないはずです。高額所得者の方たちの高額である分の使い道は、高額でおいしいものを食べる、高級車、高級な衣服等の購入、高額な趣味での消費などですが、日々の生活費にも窮する貧困者のことを考慮すると必ずしも維持しなければならないということはないのではないかと思います。

また、私たちは高度な分業の上に成り立っており、お金さえあればいろいろなものが手に入るというのではなく、貧困者も含めて生産してくれている方たちがいて初めて手に入ります。高額所得者の方たちが、お金が万事ではなく貧困者も含めて生産してくれている方たちがいて成り立っているということを認識するだけで、既得権にこだわることなく、格差是正に賛同していただけると思います。

具体的な方策としては、経済政策で恩恵があった企業は、一部経営者だけの利益とするのではなく、従業員、下請け会社、関連会社へ間接的にしっかりと分配することです。また、累進課税を進めることも考えられます。また、保障を十分にすることも考えられます。

一生懸命働かなくても、一定の所得を得ることができると、怠ける人がでてきそうですが、これにはもう一つの意識改革が必要となります。高額所得者の人たちの意識改革でも述べたことのうち、社会が高度な分業の上に成り立っており、生産してくれている方たちがいて成り立っているということをしっかり認識するということです。

世界的な貧困ですが、それぞれ複雑な事情があり簡単に先ほどの対応方法を適用はできませんが、まず日本で先ほどの方策で貧困問題を解消して、他国に参考になるほどに改善させることによって、間接的に世界の貧困を改善させる原動力となって世界に貢献できるのではないかと思います。また、日本の技術力の輸出で、貧困が問題となっている国の生産力を向上させるという貢献も考えられます。

他の生物との共存

このテーマについても、一部今までの説明とダブりますが、再度整理します。

今、人間は他の生物より知能が高いという理由で、この地球を人間のものであると思っています。他の生物より知能が高いことで他の生物のことを無視して、勝手に所有する国土を決めたり、所有者を決めたりしています。しかし、この地球は他の生物にとっても、命をつなぐための大事な場所です。他の生物にもこの地球で生きる権利があります。また、人類だけでは、生きることはできません。他の生物も存在して関連しあって、初めて人類も存在できます。過去、金儲けのために乱獲して絶滅にまで追い込んでしまった生物が何種類もいました。

最近になって、人間もそれに気づいて、絶滅危惧種を設定し、保護にのりだしました。また、他の生物に対しても、かわいいという感情をもって愛着を感じて守るようにもなりました。今までも説明してきましたが、人間以外の生物への愛という感情はその生物の種の保存に大きく関係します。人間の他の生物への愛は、その知能の高さを他の生物を守ることにも使わなければならないという責任を感じるようになったからではないかと思います。

これからの人間の他の生物との共存への配慮に期待します。

誠意と思いやりと健康

人間にとって大事なことは、お金、社会的地位、優越感を目的とせず、本能にしたがって自身の力を伸ばし、互いに誠意と思いやりをもって支え合い、健康であることです。お金、社会的地位、優越感のためではなく、社会のために本能にしたがって伸ばした力を使おうとすることは、いいかえれば、誠意になります。

また、社会的弱者に対する思いやりも健全な社会には必要です。今、貧困や心身が健康でないなどさまざまな弱者が多く存在しています。その方たちは望んでなったわけではありません。また、あなた、あるいはあなたの子や孫がそのようになるかもしれません。弱者に援助の手を差し伸べることが普通である社会になれば、明日の自分、自分の子孫に対しても安心です。そのためにも、思いやりが普通の社会にしていく必要があります。現在の贅沢より将来の十分な保障が大事であることがわかれば、税金を多くしても保障にまわすことが考えられ、それを実現させるベースとして、思いやりが普通である社会が必要だと思います。

さらにあと一つ、社会が健全であるための条件は、一人ひとりが心身ともに健康であることです。社会を支え合うためには、一人ひとりが心身ともに健康でなければ、成り立ちません。不健康は自身も気分がよいものではありません。一人ひとり及び社会の健康管理体制も大切になります。

心と顔

喜び、怒り、悲しみ、楽しみその他の感情は、すぐに顔に表れます。常に心と顔は結びついています。心の中が誠意と思いやりにあふれた人は、そのような顔になりますし、常に自己中心で、自分が優越感を感じていないと気がすまない人間はそのような顔つきになってきます。映画などで名優といわれる方たちは、顔の表情をうまくつくることができます。映画などで顔をみるとその顔つきで、善人であるか悪役であるかがすぐわかります。

同じ笑顔でも、本当に幸福であるときの笑顔と、悪役が人を不幸におとしいれて喜ぶときの笑顔は明らかに違いますね。人の不幸を喜ぶときの悪役の笑顔はどこか不気味な笑顔になります。

もしあなたが他人の不幸を喜んでいるときがあったなら、あなたの顔は不気味な笑顔になっているはずです。試しに、そのような気持ちになったときに鏡をみてみるとわかります。その他、他人をねたんでいるとき、その他の憎しみの感情が湧き上がったときなども鏡をみてみるとよくわかります（ただし、俳優がうまく演技するように、演技のうまい人もいますが）。

もし、今、あなたが優越感を感じたいという気持ちが強いとしたら、それを心の底からの誠意と思いやりに切り替えると、いい顔になります。

政治家に求められるもの、政治を支えるのは国民一人ひとりの勉強

これからの世の中を変えていくには、政治家の力が重要になってきます。政治家に求められる心は、権勢欲を動機とせず、真摯に日本の将来のことを考えることだと思います。その上で、将来のビジョンを明確にして、世界各国の本音を正確に分析し、国防に関する正確な知識をもち、正確な歴史の知識をもち、経済政策や社会問題も精緻な分析と対応をすることなどが必要です。

さて、国民一人ひとりも日本の将来について、政治家任せでなく、しっかり考え勉強していくことが大事になります。マスコミの報道を鵜呑みにせず、一人ひとりがしっかり分析し、どこが正しく、誤っているのかをしっかり見極めていく必要があります。少し勉強不足の政治家やマスコミを見抜くことができるほどにしっかり勉強することが、政治家やマスコミのレベルをあげることになります。

マスコミに求められるもの

マスコミの多くが、世の中に与える影響は極めて大きいものがあります。それだけ責任が大きく、慎重な対応が必要です。

誤った情報による混乱は絶対に避けるべきで、裏をとり、もし誤った情報を発信してしまったら、誠意をもってきっちり訂正することが必要です。具体的には言いませんが、誤った情報で、日本をおとしめ、世界的に間違った認識を植え付けてしまった事例もあるようです。事実と違っても、より刺激的な内容にすることで、より多くの部数を売ったり、視聴率をとったりして儲けようとすることも避けるべきです。より多くの部数を売る経済的メリットより、誤情報による混乱の損失のほうが大きくなります。

政党発行のものはやむを得ないかもしれませんが、公平であるべき一般紙やテレビは、情報や論述の立場が偏り過ぎないことも大事です。取り上げる情報が偏ったものばかりを意図的に選択して、世論をコントロールしようとすることは避けるべきです。

教育を考える

さまざまな社会問題の解決の糸口で最も大事なものは教育です。ここまで、教育についてたびたび言及してきましたがここで再度整理します。

誠意を動機として仕事をする人間を育てるために、以下のことを理解させます。

「世の中は高度な分業で成り立っていて、私たちも何万人、何十万人、あるいはそれ以上の人間に支えられて生きています。だから、私たち自身も他の人を支えるために働く必要があります。世の中には詐欺などで働かずにお金だけ手に入れて恩恵だけを受けようとする人がいますが、みんながそんなことをすると、世の中が成り立ちません。そういうことは絶対に避けること」

いじめ、怒り、仕返ししたいという気持ちをコントロールさせるために、以下のことを理解させます。

「いじめたいという気持ち、怒りの気持ち、仕返ししたくなる気持ち、これらは人間がまだ原始時代に生きていたころの名残で、その当時は生き残るために必要な気持ちでした。そういう気持ちが湧き上がってくるのは仕方がないことです。でも、その気持ちで行動してしまったら、原始人と同じです。混乱と世の中全体の損失につながりますので、注意する必要があります」

性による暴走をストップさせるために、以下のことを理解させます。

「性に関する衝動が湧き上がってくることがあるかもしれません。これは普通のことです。しかし、相手の心を無視しての衝動に任せての行動は、相手の心に一生の深い傷を与えることになります。しっかりコントロールする必要があります」

怠けたいという気持ちをコントロールさせるために、以下のことを理解させます。

「怠けたいという気持ちは、エネルギーを温存させるための本能で、原始時代では余分なエネルギーを抑えるために必要で、そのような気持ちは湧き上がってきて当然です。しかし、支え合って分業している現代では自分もしっかり働かなければ成り立ちません。社会全体のことを考え、働くべきときには働く必要があります」

自発的に勉強が好きになるようにするには、人は元々好奇心をもっていろいろなことを知りたいという本能をもっていますので、詰め込み教育を避け、それぞれの科目で好奇心を引き出すように心がける必要があります。詰め込み教育による知識は、一時的な試験のための勉強になり、身に付かず、試験が終われば忘れてしまい、教育に費やした時間や労力自体を無駄にしてしまいます。好奇心を引き出す教育は、しっかり身に付き、将来も社会のために活用されます。いい大学に入り、給与の高い会社に入ることを勉強の目的としてしまうと、学んだことは身に付かず活用されることもありません。本能にしたがって好奇心で学び、学んだものは世の中のために生かすということが普通であるような社会が理想です。

思いやりの気持ちを育てるためには、以下のことを理解させます。

「自分がされていやなことがあると思います。そうされるのがいやだったら、お互いにそれを避ける必要があります。そのためにはまず自分が、相手の立場に立って考え、自分がされていやなことは避ける必要があります」

社会全体を支えているのは一人ひとりの資質です。貧困により、学ぶ意欲があるのに十分な教育の機会を得られない人がいます。これは社会全体としての損失につながります。十分な援助で教育の機会を与えることが結果として、社会全体の生産量が多くなり、社会全体が受ける恩恵を多くすることができます。

頭がよいといわれている人たちへ

生来の遺伝子と環境により、いわゆる世間的な言い方で頭がよいといわれている人たちがいます。そのような人たちは、金持ちになる権利、出世する権利、優越感にひたる権利を有していると思っている人も少なくありません。しかしそうではありません。そのもてる能力を社会のためにしっかり還元する責任を負っていることを忘れてはなりません。社会のために生かすという意識が社会全体としての恩恵を増大させます。

宇宙の中の人間、永い進化の歴史の中の人間

現在のこの地球でみるさまざまな風景、自然、人が造ったさまざまな造形物は、その存在を当たり前のように感じているかもしれませんが、実は極めて奇跡的なことです。宇宙全体を見渡せば、あらゆるところは生物のいない死の世界です。これが、宇宙全体の普通の姿です。地球に生物が生まれたことだけでも確率的に極めて貴重なことです。さらにそこから、永い進化の歴史の中で人間のような高い知能をもった生物が誕生しました。今ここに、人間という高い知能をもった生物が生まれたこと自体が奇跡のようなことです。

宇宙全体の中で、永い進化の歴史の中で、今、あなたがそこに生きていること自体が奇跡です。人と比べて優越感を感じたり、コンプレックスをもったり、怒りがこみあげてく

ることがあったりしたら、宇宙の中の地球の、生物の永い進化の歴史の中で、生まれた人間の脳の中に生まれた幻だと理解してください。きっと楽になると思います。

少しずつ変えていく

これまで述べてきたところの変えるべきこと。一気に価値観を変えようとしても、いろいろなひずみが生まれて混乱する可能性があります。進むべきゴールを見据えて、少しずつ変えていく必要があります。

世界を変えるにはまず日本から

世界的な貧困、報復の連鎖による紛争、その他の世界的なさまざまな問題。これらもこれまで述べてきた延長で解決の糸口がみえると思います。まず、日本の中で変えるべきところを変えていき、うまく進めばそこから世界的にも進めていくことが考えられます。

最後に

物心が付いたころから、いつも頭の中では人間とは一体何なのか、この気持ちはどこからくるのだろう、自分とは何だろうかと考えていたような気がします。

社会人になってからも、他人や自分の心の中を無意識のうちに分析していました。しかし、結局、心が何なのかよくわからないままでした。それでも、お金や出世を目的とするのはどこか間違っているということだけは感じ取っていました。

脳をテーマにした科学関連のイベントで、さまざまな動物の脳の標本を比較して、人間も他の動物と基本構造は同じであることを見ているうちにひらめき、心の正体がわかった気がしました。そのころからいつか心について本にまとめたいと思うようになりました。

もっと精緻に分析したものをまとめたいと思っていましたが、なかなか進まず、今回のようにとりあえず大まかなものをだすことにしました。

今後、もう少し細やかに整理したものをだしていこうと思います。

私の母

私の母はお世辞にも優秀とはいえない人で、自分の子供だから勉強ができないのは仕方がないので、健康であること、人間として最低限必要な誠意と思いやり、これだけは身に付けさせようと育ててくれました。

他の親は子供に対してさかんに勉強しなさいと言っていたようですが、それが全くありませんでした。知識らしい知識はほとんど教えてくれませんでした。

教えてくれたのは、健康が一番大事であること、相手の立場に立って考えること、誠意が大事で立派にならなくてもいいということ、正直であることくらいでした。教えてくれたことが少ない分、しっかり身に付きました。若いころは、そんな母親を馬鹿にしたこともありました。

人間とは一体何なのか、脳科学なども含めて勉強しました。社会問題についても勉強して、たどりついたところが、いつのまにか母が教えてくれたシンプルな真理に戻っていました。後になって、母のすごさをしみじみと感じました。世間的な価値観でみると特に優秀とはいえないけれど、直観的に真理を感じ取っていたようです。

年をとっていくと、子供のころに戻っていくといわれますが、母もそのとおりに年を取るにしたがい、わがままだったころの子供に戻っていきました。最後はほとんどわがままな子供と同じでした。しかし、私の心が形成されていく大事なときは間違いなく正しい方向に導いていてくれました。

そんな母も一昨年永い眠りにつきました。心の底からの笑顔にいつも癒されていました。そして最後の瞬間もそのいい笑顔を見せてくれました。でもなぜか、悲しみというより、逆にいつも身近にいるような感じがします。そして応援してくれているような気がします。最後に母に約束しました。教えてくれたことを広めて、少しでも世の中を良い方向にもっていきたいと。

著者プロフィール
空 海人（くう かいと）
生まれ：静岡県
最終学歴：信州大学工学部電気工学科卒
職業：一般企業の会社員
取得資格・検定：約40種
第一種電気主任技術者（試験取得）、エネルギー管理士、公害防止管理者（主任、騒音・振動関係、一般粉じん関係）、第一級陸上無線技術士、学芸員、行政書士、実用英語技能検定２級、天文宇宙検定２級、カラーコーディネーター２級…その他

心がわかると人の進むべき道がみえてくる

2017年４月15日　初版第１刷発行

著　者　空　海人
発行者　瓜谷 綱延
発行所　株式会社文芸社
〒160-0022　東京都新宿区新宿1－10－1
電話　03-5369-3060（代表）
03-5369-2299（販売）

印刷所　株式会社エーヴィスシステムズ

ISBN978-4-286-18177-6